PICTURE	NOTE	DIALOGUE	SEC

오후 4~5시경.
해가 조금씩 지고 엄마를
기다리다 잠든 소녀가 낮은
창 앞에서 잠들어 있다.
오후의 한가한 바깥 사운드.

손톱을 깎은 듯
책 위에 손톱깎이.
살짝 바람이 불어
책장이 넘겨지고
손톱깎이를 가린다.

창밖에서 찍은 샷.
소녀에서 창틀로 포커스가
바뀌고 뿔 달린 고양이의
그림자가 슥 올라온다.

3D 사용

고양이가
목을 앞으로 빼
소녀를 바라본다.

3D 사용

대괴수VS쿨맨!

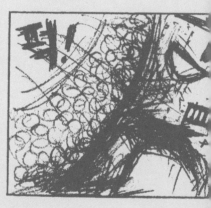

학교에서
애니 하자

상상을 현실로 만드는
애니메이션 도전기

학교에서
애니 하자

박유신 · 박형동 지음

다른

현대적인 스토리텔링 미디어 애니메이션에 대한 본격 청소년 교양서

대부분의 청소년은 아주 어린 시절부터 우리나라는 물론, 일본과 미국에서 제작된 많은 애니메이션을 보며 자라 왔다. 애니메이션은 그림과 이야기를 움직임과 영상으로 연계하는 현대적인 스토리텔링 미디어로서 청소년의 삶과 밀접하게 관련된 컴퓨터 게임은 물론 디지털 방식으로 지식을 전달하는 다양한 학습 상황에서도 핵심적인 역할을 담당하고 있다. 즉, 애니메이션은 그림책부터 디지털 게임에 이르기까지 다양한 스펙트럼의 미디어를 연결하는 스토리텔링 미디어의 핵심이다. 그런 면에서 청소년에게 애니메이션을 제대로 이해할 수 있게 안내하는 책이 절실하다.

이 책이 반가운 이유는 청소년을 대상으로 쉽고 재미있게, 그러나 깊이 있게 애니메이션에 대해 다루고 있는 본격적인 교양서이기 때문이다. 관객의 입장에서 애니메이션을 많이 보았다고 해서 애니메이션을 제대로 이해할 수 있는 것은 아니다. 제대로 이해하고 안목을 기르기 위해서는 애니메이션의 개념, 원리, 역사, 주요 작가와 작품에 대해 제대로 알아볼 필요가 있다. 이러한 과정을 통해 청소년은 자기 자신의 가치관이나 취향에 대해서, 애니메이션의 이미지와 스토리가 표현하는 세계에 대해서, 또한 그것이 표현되고 소통되는 미학적이고 기술적인 방식에 대해서도 깊이 이해하는 교양인이자 미래의 애니메이션 창작자로서 성장할 수 있게 될 것이다.

이 책은 애니메이션의 기원과 의미, 우리 주변의 애니메이션, 우리가 만들어 볼 수 있는 애니메이션 등에 대해 해박하고 깊이 있는 지식을 청소년 눈높이에서 대화 방식으로 제시하고 있다. 대화로 푸는 스토리텔링 방식은 이 점에서 매우 큰 매력이다. 그리고 '바로바로 실습'은 초등학교와 중등학교는 물론 대학 수업 현장까지 망라하며 다양한 학생에게 애니메이션을 지도해 온 저자들의 경험과 노하우가 고스란히 녹아 있는 이 책의 하이라이트이다. 나는 여기 소개된 재료와 도구들을 과연 인터넷에서 쉽게 구할 수 있는지 실제로 검색해 보며 읽었는데, 정말 '바로바로' 검색해 구매할 수 있었다.

이 책을 읽을 때 꼭 처음부터 순서대로 읽을 필요는 없을 것 같다. 책을 받아 든 나는 1장을 넘겨보다가 문득 '평면 스톱 모션 애니메이션을 만들어 보자'라는 제목을 달고 있는 4장에 매료되어 4장으로 건너뛰었다. 예비 교사와 교사들에게 미디어 교육에 대해 강의하는 교수 입장에서, 강의실에서 '복잡한 재료나 도구 없이 종이로 쉽게 해 볼 수 있는 애니메이션 만들기' 아이디어를 다양하게 얻을 수 있을 것 같아서였다. 실제로 기대 이상으로 다양한 실습 거리가 제시되어 있어 놀라우면서도 즐거웠다. 첫 장부터 차근차근 읽고 싶은 독자도 있겠으나, 나처럼 관심 가는 부분부터 읽기 시작해 지그재그로 읽어 가는 방식도 추천하고 싶다.

이 책은 애니메이션을 좋아하고 만들어 보고 싶어 하는 청소년들을 위한 책이다. 그러나 나는 '요즘 청소년들'을 이해하고 싶고 그들과 의미 있는 대화를 나누고 싶거나 뭔가 생산적인 작업을 해 보고 싶은 초등학교와 중·고등학교의 교사들에게, 특히 국어와 미술을 가르치는 교사들에게 이 책을 꼭 추천하고 싶다. 수업 내용과 관련하여 다양한 설명과 활동 아이디어를 얻을 수 있기 때문이다. 뿐만 아니라 예비 교사를 길러 내고 대학원에서 교사를 지도하는 교대 및 사범대 교수들에게도 이 책을 권하고 싶다. 요즘은 대학 강의실에서도 학교 현장에서 응용할 수 있는 구체적인 활동을 이론과 접목해 제시할 필요가 있기 때문이다. 그리고 개구쟁이 아들을 둔 엄마이자 애니메이션 '덕후'인 사춘기 청소년들의 이모이기도 한 입장에서, 자녀와 함께 애니메이션을 매개로 즐거운 놀이와 대화를 할 수 있는 방법을 찾고 있는 엄마들에게도 이 책을 권해 주고 싶다.

저자들에 대한 나의 신뢰는 독자들에게 이 책을 추천하는 글을 쓰는 데 자신감을 더해 준다. 다양한 교실 수업과 연구, 교사 교육을 통해 어린이와 청소년의 창의성이 지닌 무궁무진한 가능성을 모색하고 발굴하고 실천해 온 두 저자에게 존경을 보낸다. '미디어 교육'이라는 융합 분야에 대한 관심을 바탕으로 두 저자와 인연을 맺을 수 있어서 감사한 마음이다. 좋은 책을 먼저 읽을 수 있었던 기쁨과 만족을 바탕으로, 보다 많은 독자들이 이 책을 통해 애니메이션에 대해 더 깊이 이해할 수 있는 기회를 얻을 수 있기를, 그리고 이 책이 청소년들의 창의성과 예술적 감각을 표현할 수 있는 다양한 기회를 열어 주는 데 도움이 되기를 바라며 자신 있게 이 책을 추천한다.

2017년 2월

정현선(경인교육대학교 국어교육과 교수, 미디어 리터러시 전문가)

상상이 실현되는
애니메이션의 세계

먼 옛날, 사람들은 만물에 영혼이 깃들어 있다고 믿었습니다. 우리가 보지 않을 때 동물과 식물이 이야기를 하고, 인간의 길흉화복을 결정할 수 있다고 믿었던 거지요. 또 집안의 손때 묻은 사물에도 영혼이 깃들어 있다고 믿었습니다. 이러한 생각은 오늘날에도 남아 있습니다. 물건이 없어졌을 때, "어? 얘가 어디 갔지?"라면서 마치 물건이 살아 있는 듯 말하기도 하니까요.

자, 여러분이 고대의 신관이라고 가정해 봅시다. 살아 있는 신의 존재를 사람들에게 증명하려면 어떻게 해야 할까요? 나무는 가지를 흔들며 말을 하고, 우렁이는 돌아다니며 부엌에서 밥을 짓고, 신상은 움직이거나 말을 하는 것처럼 보여야 하겠죠? 여러분은 알고 있는 모든 기술을 동원해서 사물이 움직이는 환상을 만들어야 할 것입니다. 이것이 바로 애니메이션Animation입니다. 사물에 마치 혼Anima이 깃들어 있는 것처럼 보이게 하는 모든 시도를 포함한 개념이죠.

실제로 사람들은 고대부터 줄곧, 기술이 발전할 때마다 최선을 다해서 사물이 살아 움직이는 환영을 만들었습니다. 그러므로 애니메이션이란 시대마다 가장 최첨단의 기술을 보여 주고 있는 장르입니다. 고대 사람들은 그림자 연극을 하거나 작은 신상에 줄을 매달았지만, 기계 기술을 알게 되면서 곧 저절로 움직이는 자동인형을 만들었습니다. 눈에 대한 해부학과 광학 지식이 알려진 후에는 잔상 효과를 활용한 환영을 만들어 냈습니다. 영화 기술이 발달한 후로는 좀 더 긴 이야기를 필름에 담아 대중에게 보여 줄 수 있게 되었습니다. 그리고 디지털 기술이 발달한 오늘날 애니메이션은 좀 더 정교하게 실제로 존재하지 않는 삶과 이야기를 만들어 내고 있지요. 오늘날의 애니메이션은 움직임뿐 아니라 존재하지 않는 현실 그 자체를 만들어 냅니다. 상상 속 동물이나 미래 세계의 환영들이 영화 속이 아닌 우리 삶 안으로 들어와 있기도 합니다. '포켓몬고' 같은 증강 현실 게임은 대표적인 예이자 미래 애니메이션의 방향이라고 볼 수 있습니다. 알파고와 같은 인공 지능(AI)은 어떨까요? 아마 인공 지능은 인간의 사고 과정까지 정교하게 모방한다는 점에서 궁극적인 애니메이션이라고 볼 수도 있을 것입니다. 이제까지는 상상 속에서 살아 움직이는 존재를 만들어 왔지만 마침내 정말로 살아 있는 거나 마찬가지인 존재를 창조하려고 노력하고 있는 것이죠. 과학 기술을 통해 인간이 정말로 이루고자 하는 것은 결국 애니메이션의 세계인지도 모릅니다.

하지만 시대가 변화하면서 애니메이션의 기술적 측면이나 형태는 달라졌어도 애니메이션을 만드는 사람들의 상상력은 크게 달라지지 않았다는 점은 매우 흥미롭습니다. 가령 〈토이 스토리〉나 〈레고 무비〉처럼 움직이는 장난감에 대한 상상 속 이야기는, 고대의 신화나 20세기 초에 만들어진 애니메이션 영화에서도 찾아볼 수 있습니다. 18세기 사람들은 실제로 움직이는 자동인형을 만들고 그 이야기를 동화나 발레로 만들기도 했지요. 포켓몬 역시 고대인이 상상한 작은 요괴와 닮아 있지 않나요? 그리고 유령의 집이나 걸어 다니는 공룡은 시대마다 애니메이션에서 환영받았던 주제입니다. 과거와 현재, 미래를 관통하는 애니메이션적 상상력은 애니메이터에게 무엇보다도 중요한 자산이 되겠지요.

이 책에서는 애니메이션부 친구들과 함께 상상의 세계를 애니메이션으로 실현시키는 첫걸음을 떼어 보기로 합니다. 먼저 먼 옛날부터 이어져 온 인류의 애니메이션적인 상상력을 탐험하고, 각 시대의 가장 위대한 애니메이터들을 만나 그들의 상상력이 어떻게 당대의 과학기술을 통해 실현될 수 있었는지 알아볼 거예요. 그리고 교과서에 등장하는 애니메이션 장치의 역사와 원리에 대해 알아보고 그 장치들이 어떻게 오늘날의 애니메이션으로 발전했는지 살펴봅니다. 또 이제까지 알고 있던 상업 스튜디오의 2D 애니메이션이나 3D 애니메이션을 넘어 다양한 애니메이션 작품의 세계와 작가 기법을 탐험해 볼 것입니다. 그리고 마침내 여러분은 친구들과 함께 디지털 카메라와 컴퓨터, 그리고 학교에 있는 일상적인 사물과 재료들을 활용해서 일상을 마술적인 애니메이션의 세상으로 창조하는 멋진 학교 애니메이터가 되는 것이지요.

클레이 애니메이션으로 잘 알려진 영국의 아드만 스튜디오는 데이

비드 스프록스턴과 피터 로드라는 두 소년의 홈 비디오 애니메이션에서 출발하였습니다. 이 두 학교 애니메이터는 칠판의 그림, 접시 위의 음식, 잡지의 그림 등을 활용해서 한 프레임씩 애니메이션을 만들기 시작했지요. 두 소년의 귀여운 애니메이션 작품들은 나중에 〈월레스와 그로밋〉, 〈치킨 런〉 등 세계를 즐겁게 한 멋진 작품으로 발전해 나가게 됩니다. 아마 미래의 애니메이터들도 지금 세계 곳곳에서 자신만의 방법으로 애니메이션의 상상력을 실현시킬 준비를 해 나가고 있겠죠? 여러분이 바로 그 애니메이터일 수도 있고요. 자, 그렇다면 지금부터 우리 함께 멋진 학교 애니메이터의 첫걸음을 함께 해 봅시다.

마지막으로 이 책이 나오기까지 많은 도움을 주신 편집진 여러분과 직접 학교 애니메이터로 활약해 준 수안 양, 그리고 항상 믿고 지지해 주신 안혜영 교수님과 우리 가족 모두에게 감사 인사를 전합니다.

2017년 2월

박유신·박형동

차례

5 입체 스톱 모션 애니메이션을 만들어 보자

입체 스톱 모션 애니메이션에 필요한 세팅 177

입체 캐릭터를 만드는 다양한 방법 188 | **연출 노하우: 움직임 연출** 197

6 애니메이션 감독으로 데뷔하기

포트폴리오 영상을 만들어 보자 209 | **애니메이션 제작의 전 과정을 알아보자** 220

 **바로바로 실습**

이 책에 나오는 주요 등장인물

귤 군

팽 선배에게 반해 엉겁결에 애니메이션 동아리에 발을 디뎠다가 학교 애니메이터의 길에 들어서게 된 까칠한 소년. 귤을 닮았다. 그림에는 소질이 없다고 생각했지만 신기하고 알 수 없는 것투성이였던 애니메이션의 매력에 점점 빠져든다. 귤 군은 애니메이션부의 다크호스로 거듭날 수 있을까?

팽 부장

다른 고등학교 애니메이션부를 이끌고 있는 열정적인 부장. 어떤 과거가 있는지 몇 학년인지 알 수 없는 괴짜 선배다. 멋모르고 동아리에 가입한 귤 군을 애니메이션의 세계로 안내한다. 먼 옛날의 역사적인 애니메이터들을 애니메이션부로 초대하거나 마술 같은 애니메이션을 보여 주는 등 학생인지 애니메이터인지 마법사인지 헷갈리는 인물이다.

고 선배

꼬리에 손이 달린 묘한 고양이처럼 보이지만 자신은 다른 고등학교 애니메이션부의 전설적인 선배라고 주장한다. 걸어 다니는 애니메이션 사전으로 동아리 방에 상주하고 있다. 애니메이션에 대해 궁금한 것이 있으면 무엇이든지 고 선배에게 물어보면 된다. 모든 사람에게 정중하고 예의 바르지만 가끔 자기도 모르게 고양이의 본능이 튀어나온다.

1
애니메이션의 세계로
초대합니다

애니메이션의
기원과 의미

굴군   앗! 내 몸이 사라졌어! 어떻게 된 거예요?

팽부장   걱정 마. 우리는 애니메이션의 세계로 들어온 거니까. 여기서
        는 모든 게 가능하거든. 귤 군, 혹시 애니메이션 만들어 본 적
        있어?

굴군   네? 그럴 리가요!

팽부장   그럼 좋아하는 애니메이션은 있겠지?

굴군   텔레비전에서 시리즈로 보여 준 〈도라에몽〉, 〈스폰지밥〉도 좋
        아했고, 극장에서 상영한 〈쿵푸 팬더〉나 〈몬스터 주식회사〉
        같은 장편 애니메이션도 재미있었어요.

팽부장   게임은 어때? 게임은 애니메이션이 아니라고 생각하니? 그리
        고 그림이 움직이는 온라인 배너 광고는?

굴군   그림이 움직이기만 하면 다 애니메이션이라고 할 거예요?

팽부장   빙고! 애니메이션은 쉽게 말해서 '움직이는 그림'이라고 할
        수 있어.

고선배   그림이라고 하면 손으로 그린 그림만 얘기하는 것 같으니까 '움직이는 이미지'라고 하는 게 더 정확합니다. 그리고 애니메이션에는 한 가지 조건이 있습니다. 바로 "실제로는 움직이지 않는 것을 마치 움직이는 것처럼 보이게 하는 시도들"이라는 거지요. 비디오나 실사 영화 같은 영상은 실제로 움직이는 대상을 보여 주지만, 애니메이션은 정지한 물체나 그림을 다양한 기술을 이용해서 '마치 움직이는 것'처럼 보여 주지요.

팽부장   영어로 ANIMATION은 ANIMA라는 라틴어에서 나온 말이야. 그런데 ANIMA가 무슨 뜻인 줄 알아? 바로 '혼'이라는 뜻이래. 즉, 애니메이션은 혼이 없는 무생물에 혼을 불어넣는다는 의미가 있지. 그래서 애니메이션에서는 이 귤이 말을 하고 걸어 다닐 수 있어. 너처럼!

귤군   과일이 말을 하면…… 징그러워서 못 먹을 거 같아요!

설마 절 드실 건 아니죠?

아잉~
먹지 마요~

무서워~

너희가 더 무서워~

팽부장   옛날 사람들은 실제로 사물에도 영혼이 있다고 믿었어. 그래서 나무나 돌, 동물 같은 것을 신으로 떠받들기도 했고.

굴군 '애니미즘' 말하는 거죠? 그러고 보니 ANIMISM에도 ANIMA
라는 단어가 들어 있네요.

팽부장 맞아. 옛날 사람들은 자신들이 보지 않을 때 이 돌이나 흐르
는 물, 해와 달과 동식물들이 사람처럼 서로 이야기를 나누고,
걷고, 뛰고, 움직인다고 생각했을 거야. 단군신화에도 그런 이
야기가 있잖아. 호랑이와 곰이 사람처럼 말을 하고 기도를 하
고 마늘을 까먹는…….

굴군 이거 애니메이션에 흔히 나오는 장면들인데요? 동물들이 말
을 하고 나무가 살아 움직이는 장면은 애니메이션에서 자주
나오잖아요.

팽부장 많은 애니메이션이 먼 옛날부터 사람들이 믿고 상상했던, 신
화나 옛이야기를 다루고 있어. 애니메이션은 상상과 믿음을
눈앞에 펼쳐 보여 준 거지. 〈미녀와 야수〉나 〈토이 스토리〉 같
은 애니메이션을 생각해 봐. 장난감이나 집 안의 가구들이 사
실은 사람처럼 영혼이 있다는 이야기잖아?

굴군 애니메이션이 어느 날 갑자기 나타난 게 아니네요.

팽부장 굴 군, 라스코나 알타미라 동굴 벽화에 대해 들어 본 적 있지?

굴군 스페인과 프랑스 남부에 있는 선사 시대 주거지에서 발견된
동굴 벽화요? 동물이 많이 잡히길 기원하며 들소랑 사슴 그림
을 그렸다고 하던데…….

팽부장 제법인데! 그런데 오래전 일인 데다 그 이유를 기록으로 남
긴 것도 아니라서 동물 그림을 왜 그렸는지 확실하게 알 수는
없어. 하지만 확실한 건 동물들이 무척 생생하게 그려졌다는

거야. 그리고 라스코 동굴 벽화에서 발견된 어떤 들소 그림은 다리가 여섯 개나 그려져 있대. 도대체 왜 다리를 여섯 개나 그렸을까?

굴군　음, 만화에서 빨리 달리는 것을 표현할 때 다리를 여러 개 그려 넣는 거랑 비슷한 거 아닐까요?

팽부장　구석기인들이 어떤 뜻으로 이렇게 그렸는지 정확하게는 알 수 없어. 하지만 이 그림을 구석기인들이 어떤 식으로 보았는지는 추측할 수 있지. 고 선배, 설명 좀 부탁해요!

고선배　흠흠, 구석기 시대의 동굴 환경을 생각해 보죠. 어두운 동굴에서 이 그림을 보려면 뭐가 필요했을까요?

굴군　불빛요.

고선배　맞아요. 정확하게는 횃불이 필요했겠죠. 그러면 어두운 동굴 속 일렁이는 횃불 아래에서 이 그림은 어떻게 보였을까요?

굴군　움직이는 것처럼 보였을 것 같아요.

고선배　맞아요. 최근에 발견된 프랑스 쇼베 벽화는 이런 생각을 더욱

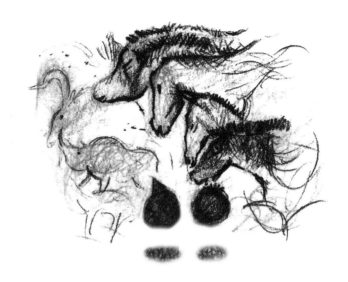

군혀 주었어요. 벽화 동물들이 여러 번 겹쳐져 그려져 있었는데, 현대 영상 기술자들이 이 그림들을 디지털 애니메이션으로 재현해 보았더니 실제로 움직이는 것처럼 보였다고 해요.

굴군　와, 동굴 벽화가 애니메이션의 원조라는 말이네요?

팽부장　그렇다고 볼 수 있지. 아마도 그 동굴 벽화를 그린 사람은 신처럼 떠받들어졌을 거야. 그 먼 옛날에 움직이는 환영을 보여 줬으니, 사람들이 얼마나 놀라워했겠어! 신의 세계와 연결되어 있는 사람이라 가능한 일이라고 생각했겠지.

굴군　신의 세계라니…… 갑자기 애니메이션이 신성하게 느껴지는데요?

고선배　그렇습니다. 실제로 그림자 애니메이션(실루엣 애니메이션)이나 인형 애니메이션(퍼펏 애니메이션)은 고대의 주술적 제의와 관

련이 있습니다. 고대 사람들은 그림자가 영혼이나 신의 모습을 보여 준다고 생각했지요. 또 나무 같은 재료로 만든 사람 인형을 준비해 놓고 재앙을 물리치기를 바라는 주술을 행하기도 했습니다. 고대 그리스에는 신전마다 사제가 조종하는 움직이는 신상이 있었다고 하고요. 그림자나 인형은 장례 의식이나 제사에서도 가끔 사용되었지요.

시간이 흐르면서 이러한 의식들은 신화 속 이야기를 보여 주는 연극의 형태로 발전하게 됩니다. 그리고 점차 종교관이 발달하면서 그림자극이나 인형극에 대사가 붙고 대중의 오락거리로 변신하게 되었고요. 유럽이나 일본, 중국, 터키 등에는 다양한 인형극 문화가 있습니다. 우리에게는 꼭두각시놀음이 있고요. 이러한 인형극은 애니메이션 영화의 먼 조상이라고 할 수 있지요.

굴군   인형 애니메이션의 역사가 이렇게 오래됐다니…… 왠지 으스스한데요? 그리고 보니 공포 영화에도 무서운 인형들이 등장하는데 〈사탄의 인형〉도 애니메이션이죠? 고대의 주술과 오늘날의 애니메이션은 멀고도 가까운 사이네요.

팽부장 사람들이 더 이상 일상 사물에 신이나 영혼이 깃들어 있다고 믿지 않게 되었기 때문에 애니메이션은 오락의 대상이 될 수 있었어. 하지만 사람들 마음속에 여전히 애니미즘적인 믿음은 남아 있는 거 같아. 그래서 오늘날까지 꾸준히 신화 속 이야기들이 애니메이션으로 만들어지는 거겠지?

고선배 맞아요. 실제로 애니미즘적 세계관이 사라졌다고 할 수는 없습니다. 이야기를 다루는 방식이나 과학 기술이 발달하면서 일상에서 우리가 즐기는 작품이나 오락의 형태로 자리 잡았을 뿐이지요.

귤균 과학 기술이 지금의 애니메이션이 등장하는 데 영향을 줬다는 말인가요?

고선배 물론입니다. 인류의 과학 기술에서 중요한 발견과 발명은 모두 애니메이션에 영향을 주었어요. 이를테면 의학과 해부학이 발달하면서 사람들은 '본다는 것'의 원리에 대해 점점 더 많이 알게 되었고, 안경이나 망원경, 현미경 같은 광학 기술도 점점 발전했어요. 그중 카메라의 등장은 움직이는 환영을 만들고 싶어 하던 사람들에게 큰 선물이었지요.

　사람들은 움직임의 환영을 만들 수 있는 기술에 많은 관심을 기울였습니다. 처음에는 작은 사물이나 그림이 움직이는 영상을 만드는 데에 만족했지만, 영상 기술이 점점 발달하면서 만화나 소설 같은 호흡이 긴 이야기도 만들 수 있게 되었지요. 초창기 영화를 보면 사람들이 보여 주고 싶어 했던 다양한 환상 속 이야기들을 만날 수 있습니다.

팽부장 마술사가 영화감독이자 제작자가 되기도 했어. 프랑스의 멜리에스라는 마술사는 영화 기술을 접한 뒤 저절로 물건이 움직이거나 사람이 사라지는 마술을 간단한 애니메이션으로 만들기도 하고 가상의 세계를 영화로 창조하기도 했지. 〈달세계 여행〉(1902)은 세계 영화사에서도 굉장히 유명한 작품이야.

귤군 〈그래비티〉나 〈아바타〉 같은 SF 영화네요. 그런데 이 영화는 애니메이션이 아니잖아요.

팽부장 흐음, 좀 복잡한 문제이긴 한데, 영화 〈아바타〉에 나오는 외계인이나 우주의 모습이 실제로 존재하는 것을 촬영한 걸까?

귤군 아니요, 컴퓨터 그래픽이잖아요.

팽부장 그래. 그 외계인이나 우주의 풍경은 실제로는 존재하지 않는, 인간이 그린 이미지야. SF 영화뿐만 아니라 대부분의 영화에 나오는 이미지들이 점점 더 많이 아주 정교하게 그려진 3D

애니메이션으로 만들어지고 있지.

고선배 팽 부장 말처럼 실사 영화와 애니메이션의 경계는 점점 더 불분명해지고 있습니다. 인간이 꿈꾸는 상상 세계를 그리기 위해 연극처럼 정교한 배경과 의상을 만들기도 하고, 특수 효과 같은 다양한 촬영 기술을 개발하기도 하지요. 이제 애니메이션은 움직이지 않는 대상을 움직이게 하는 것을 넘어 존재하지 않는 이미지를 창조하여 움직이게 하는 영역까지 확장된 것입니다.

굴군 애니메이션 하면 만화 영화만 생각했지, 이렇게까지 깊이 생각해 보긴 처음이에요.

팽부장 애니메이션의 어원인 ANIMA의 뜻을 곰곰 생각해 보면, 애니메이션과 관련된 다양한 기술은 수단일 뿐, 결국 사람들이 원하는 것은 만물을 살아 움직이게 하는 거라는 생각이 들어. 애니메이션 기술이 발달할 때마다 장난감이나 인형이 움직이는 이야기나 신화적인 이야기, 우주, 선사 시대 공룡 같은 이야기들이 반복되는 걸 봐도 그렇고 말이지. 애니메이션이란 상상의 세계를 마치 실제로 존재하는 것처럼 만들고 싶은 인류 역사의 아주 거대한 프로젝트 같아!

우리 주변의
애니메이션

팽부장 애니메이션의 기원과 의미에 대해 이야기하다 보니 거창한 작품까지 나오긴 했지만, 좀 더 가까운 곳에서 애니메이션을 찾아보는 게 좋겠어. 우리 일상에서 애니메이션이 어떤 식으로 활용되는 거 같아?

굴군 만화 영화…… 말고요?

팽부장 이야기가 있어서 감상할 수 있는 애니메이션 영화뿐만 아니라 움직이는 이미지 전체를 말한다고 했잖아. 아까 인터넷 배너나 온라인 게임에도 애니메이션이 활용된다고 했지?

굴군 광고나 뮤직 비디오에도 애니메이션이 나올 때가 있어요. 아, 인터넷으로 문자 채팅을 할 때에도 간단한 애니메이션 이모티콘이 사용돼요. 구글의 로고인 구글 두들 Google Doodle 도 가끔 애니메이션으로 나올 때가 있고요. 그러고 보니 일상생활 여기저기에서 애니메이션이 쓰이고 있네요.

고선배 디지털 기술이 정교해질수록 영상을 구현할 수 있는 환경은 다양해질 겁니다. 텔레비전, 영화관, 컴퓨터에서 스마트폰까지 디지털 영상을 구현할 수 있는 환경이 점점 확장되고 있으니까요.

팽부장   액정 기술이 발달하면 네 티셔츠의 그림도 움직이게 하거나 원하는 대로 바꿀 수 있을지 몰라.

굴군   그럼 새 옷을 안 사도 되겠네요. 원하는 이미지로 날마다 티셔츠 그림을 바꾸면 되니까. 하하.

고선배   아, 옷은 갈아입기 바랍니다. 낡으니까요. 하지만 비슷한 사례로, 요즘은 건물 외벽에 영상을 비추어 새 옷 입히듯 건물을 장식하기도 합니다. 그걸 미디어 파사드Media Pasade라고 하지요. 미디어 파사드는 광고용이나 무대 배경으로 활용되기도 합니다. 또 우리가 잘 아는 건축물에 영상을 쏘아 미디어아트 작품을 만들기도 하지요.

굴군   아, 지난번 한류 페스티벌에서도 무대 배경이 애니메이션이
　　　　었어요.

팽부장 무대 배경이 애니메이션이어서 더 좋은 점이 있었어?

굴군   공연에 따라 무대가 역동적으로 바뀌어서 좋았던 거 같아요.
　　　　실사 영상과 애니메이션을 같이 쓰니까 더 화려하기도 하고.
　　　　그리고 보니 비용도 덜 들 것 같고……

팽부장 맞아. 애니메이션으로 무대를 만들면 좀 더 정교하게 환상의
　　　　세계를 표현할 수 있어. 그래서 요즘은 본격적인 공연 예술에
　　　　서도 애니메이션으로 배경을 만드는 경우가 많아. 예를 들어
　　　　윌리엄 켄트리지라는 세계적인 예술가는 모차르트의 〈마술
　　　　피리〉나 쇼스타코비치의 〈코〉 같은 오페라의 무대 배경을 애
　　　　니메이션으로 제작했어. 켄트리지의 작품은 세계의 유명 미
　　　　술관에서 따로 전시되기도 했지. 켄트리지의 무대 디자인은
　　　　오페라의 무대 배경일 뿐 아니라 연출자의 의도를 관객에게
　　　　생생하게 전달하는 예술의 일부이고, 그 자체로 애니메이션
　　　　작가의 작품이었던 거야.

굴군   와, 애니메이션은 정말 다양하게 사용되네요.

고선배 그렇습니다. 디지털 기기는 날로 발전하고 있으니까 그 밖에
　　　　도 우리가 애니메이션을 사용하게 될 환경은 지금보다 더 늘
　　　　어날 겁니다. 아마 앞으로는 어떤 직업을 갖고 어떻게 살아가
　　　　든 애니메이션을 보는 것뿐만 아니라 만들거나 활용하는 일
　　　　이 많아지겠죠. 마치 우리가 글을 읽기도 하고 쓰기도 하는
　　　　것처럼 말이에요.

귤군	글을 쓰는 것처럼 애니메이션을 만들게 될 거라고요? 글을 쓰는 거랑 애니메이션을 만드는 건 완전히 다르지 않아요?
고선배	귤 군, 글은 언제 쓰지요? 정보를 전달하는 신문 기사를 작성하거나 시나 소설 같은 문학 작품을 창작할 때도 글을 쓰지만 간단한 메모나 일기도 글을 쓰는 것이죠? 애니메이션도 마찬가지입니다. 정보 전달부터 기록, 의사 표현, 예술 작품, 서사적 이야기 만들기까지 다양한 영역을 아우를 수 있지요. 그러니까 시와 신문 기사의 글쓰기가 다르고, 소설과 개인적인 이메일의 글쓰기가 다르듯이 애니메이션의 표현 방법이나 영역도 상당히 넓게 봐야 해요.
귤군	이해는 되는데…… 그래도 애니메이션을 만드는 건 엄두가 안 나는 일이에요.
팽부장	귤 군, 자신감을 가져 봐. 앞으로는 애니메이션을 보는 것뿐 아니라 '만드는 것'도 중요해질 거야. 누구나 애니메이션 작가나 영화감독이 되어서 많은 사람에게 자신이 만든 작품을 보여 줄 수 있는 시대가 되었잖아? 유튜브나 인터넷 게시판만 봐도 개인이 만든 애니메이션이 얼마나 많은데!
귤군	그런데 애니메이션을 만들려면 장비가 필요하지 않아요?
팽부장	스마트폰이나 디지털 카메라, 그리고 컴퓨터만 있으면 우리도 애니메이션 영화를 만들 수 있어. 예전에는 값비싼 촬영 장비와 편집 장비, 영화 필름을 비롯해 복잡한 스튜디오 장비가 필요했지만 이젠 아이디어만 있으면 집에서도 만들 수 있어. 실제로 많은 작가들이 적은 예산으로 독립적으로 작업을

하고 있거든.

굴군   저에게 스마트폰이랑 디지털 카메라는 있어요. 그럼 저도 애니메이션을 만들 수 있나요?

팽부장   물론. 굴 군, 애니메이션부에 들어온 걸 환영해!

굴군   …… 네? 제가 언제 들어간다고…….

우리가 할 수 있는 애니메이션

팽부장 귤 군은 어떤 애니메이션을 만들고 싶어?

귤군 〈센과 치히로의 행방불명〉이나 〈마당을 나온 암탉〉 같은 재미와 감동이 있는…….

팽부장 귤 군, 내가 자신감을 가지라고 말하긴 했지만……. 그런 애니메이션은 내 능력으로도 좀 어려울 것 같다. 물론 다 사람이 만든 거니까 작정하면 만들 수도 있겠지. 하지만 지금으로서는 좀 어려워. 대신 너만의 독창적인 애니메이션 언어를 찾는 게 좋을 거 같아.

귤군 애니메이션 언어? 애니메이션 만들려면 언어도 따로 배워야 해요?

팽부장 귤 군, 이건 비유적인 표현이야. 애니메이션에 만화 영화만 있는 게 아니거든. 애니메이션을 만들 수 있는 재료며 기법이 무궁무진하다고! 귤 군이 생각하는 애니메이션은 대부분 상업 애니메이션 스튜디오에서 만든 만화 영화일 거야. 그런 만화 영화는 상업적 생산에 맞게끔 재료나 그림 스타일 등이 경제적으로 최적화되어 있어.

굴군　무슨 말인지 모르겠어요.

팽부장　그걸 설명하려면 만화 영화의 초창기 역사를 알아야 해. 고선배, 설명 좀 부탁해요.

고선배　19세기 초에는 도시에 노동자가 넘쳐 났고 이들을 위한 새로운 오락거리가 필요했습니다. 신문 만화도 떠오르는 대중 오락거리 가운데 하나였지요. 그런데 신문 만화가였던 윈저 매케이는 애니메이션 영화를 보고 '그림이 저절로 움직이는 영화'를 생각해 냈어요. 그리고 자신이 그린 신문 만화 〈잠의 나라의 리틀 니모Little Nemo in Slumberland〉를 한 장 한 장 그려 짧은 애니메이션으로 만들었답니다.

굴군　아, 만화 영화가 그렇게 탄생한 거예요?

고선배　그렇습니다. 그런데 당시 만화 영화는 한 장 한 장 그려야 해서 긴 이야기는 만들기 힘들었습니다. 반면 영화는 편집 기술이 발달하면서 소설이나 연극을 바탕으로 한 장편 작품들이 나오던 때였지요. 그래서 만화 영화는 장편 영화를 상영할 때 막간극처럼 중간에 짧게 상영되었답니다.

굴군　그럼 장편 만화 영화는 언제 만들어지게 된 거예요?

고선배　'셀'이 발명되고 나서이지요. 셀은 투명한 필름 같은 건데 셀에 배경 따로 캐릭터 따로 그리는 거예요. 그러면 배경은 그대로 두고 캐릭터의 움직임만 따로 그리면 되니까 훨씬 효율적이지요. 그만큼 이야기가 긴 애니메이션을 만들 수 있고요.

셀 애니메이션은 셀 몇 장을
겹쳐서 전경, 중경, 원경을
표현할 수 있어요.

셀 필름 덕분에 장편 만화 영화가 만들어지고 애니메이션이
산업화할 수 있었습니다.

팽부장　20세기는 그야말로 셀 애니메이션의 시대였어! 디즈니에서
나온 〈인어공주〉, 〈미녀와 야수〉를 비롯해서 〈이웃집 토토로〉
같은 20세기의 대표적인 애니메이션들은 거의 다 셀 애니메
이션 방식으로 제작되었어.

굴군　그래도 캐릭터가 움직이는 걸 어떻게 다 그려요? 엄청날 텐
데……

고선배　셀 애니메이션의 가장 큰 의미는 애니메이션을 공장식으로
대량 생산할 수 있게 됐다는 것입니다. 기본적인 원화가 제공
되면, 숙련공들이 원화 위에 투명한 셀을 대고 윤곽선을 베껴
그리고, 셀 뒷면에 포스터컬러를 칠하듯 균일하고 매끈하게
색을 칠합니다. 그래서 만화 영화의 그림에서는 손맛이 느껴
지지 않아요. 여러 사람이 공동으로 작업해야 하니까 누가 그
리더라도 다 똑같아 보이도록 그림을 디자인하는 거지요.

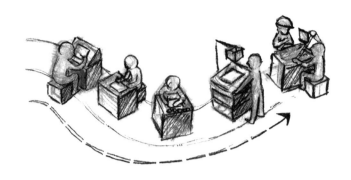

귤군	애니메이션은 그림 스타일이 원래 그런 거라고 생각했는데, 실은 대량 생산에 맞춰진 거였군요.
팽부장	그뿐만 아니라 1초간 24프레임의 그림이 들어가야 한다는 규칙도 있어. 또 캐릭터의 움직임이나 표정 같은 것도 표준화되어 있어. 장편 애니메이션을 만들려면 정말 많은 그림이 필요한데, 표준화된 공정이 있으면 훨씬 효율적으로 작품을 만들 수 있으니까.
귤군	흠, 역시 애니메이션을 만드는 건 어렵겠어요.
팽부장	우리 같은 학생들이 상업 스튜디오 스타일의 애니메이션을 만들기는 힘들지. 그렇지만 애니메이션은 움직임을 표현하는 열려 있는 예술이라고! 상업적인 만화 영화에서 벗어나 좀 더 넓게 생각해 봐. 네 주변을 한번 둘러봐. 넌 세상 모든 것을 움직일 수 있어!
귤군	제가 마술사도 아니고 어떻게…….
팽부장	귤 군, 어렸을 때 소꿉놀이나 인형놀이 해 봤지?
귤군	네. 그랬던 거 같아요. 집에 있는 장난감 자동차 다 모아 놓고

영화 수백 편은 찍었을 거예요.

팽부장   바로 그거야. 장난감이나 주변 사물이 살아서 움직이고, 모래 바닥에 그렸던 그림들, 노트에 그렸던 그림들이 생명을 얻어 살아 움직이는 걸 상상해 봐. 애니메이션은 결국 인간이 꿈꾸는 걸 실현시키는 거야. 체코의 애니메이션 작가인 얀 스반크마예르는 애니메이션 작업에 대해 이렇게 말했어.

> "애니메이션은 내가 사물에 마술적인 힘을 부여할 수 있게 해 준다. 나는 내 작품에서 많은 물체를 움직인다. 갑자기 사람들이 매일매일 익숙하게 만나는 사물들이 새로운 차원을 획득하고, 이러한 식으로 리얼리티에 대한 의심을 버리게 된다. 바꿔 말하면, 나는 애니메이션을 의미의 재생산 수단으로 생각한다."

귤군   의미를 재생산한다고요?

팽부장   여기 초콜릿들은 가만있으면 그냥 초콜릿일 뿐이야. 하지만 이 초콜릿들이 오른쪽으로 줄을 지어 움직인다면?

귤군   초콜릿들의 행진……?

팽부장   이번에는 줄지어 움직이던 초콜릿들이 원으로 움직이는 거야. 자, 이때 갑자기 초콜릿들이 떠오르면서 드래곤처럼 날개가 생겨나.

귤군   앗, 판타지? 초코 드래곤? 맛있는 드래곤을 물리칠 용사가 필

요하겠어요! 주방 보조로 일하는 절대 미각의 소년이 나중에 용사로 성장해 초콜릿 월드를 구하는 거예요.

팽부장 　너, 이야기에 쉽게 빠져드는 타입이구나.

굴군 　앗, 갑자기 몰입이 되어서…… 머릿속으로 뭔가를 상상하다 보면 눈앞에 펼쳐지는 것처럼 느껴지거든요. 이제 좀 알겠어요. 세상 모든 것과 모든 움직임을 애니메이션으로 만들 수 있단 말이죠?

팽부장 　맞아. 결국 어떤 재료를 선택해서, 어떻게 움직일지, 또 어떤 이야기의 애니메이션을 만들지가 중요한 거지.

굴군 　뭔가 자유로워진 것 같아요. 그런데 그만큼 생각할 것도 많아졌어요.

팽부장 　그만큼 멋진 경험을 하게 될 거야. 앞으로 굉장히 다양한 애니메이션을 만나게 될 거거든. 무언가를 움직여서 생명을 불어넣기만 하면 뭐든 애니메이션이 될 수 있으니까.

굴군 　실제로 다양한 애니메이션이 만들어지고 있어요?

고선배 　그럼요! 전 세계적으로 많은 작가들이 자신만의 애니메이션 언어로 작품 활동을 하고 있습니다. 심지어 국수로 애니메이션을 만든 작가도 있지요.

굴군 말도 안 돼요. 어떻게 국수로 애니메이션을 만들어요!

고선배 한국의 애니메이션 작가 김진만은 국수로 애니메이션을 만듭니다. 〈오목어〉라는 작품을 만들 때 작가는 상자 안에 무려 1,400인분의 국수를 넣고 조금씩 국수 표면을 눌러 그림자를 만들어서 촬영했지요. 사실 국수뿐만이 아니에요. 구슬, 종이접기, 벽화, 사탕, 유화 물감, 모래, 장난감, 색연필 등 정말 많은 재료와 기법이 애니메이션에 사용되고 있어요. 애니메이션 영화 작업에서 어떤 재료를 선택해서 어떻게 움직이게 하는지는 스토리텔링 이상으로 많은 의미가 있습니다.

팽부장 재료에서 자유로워지면 작가의 상상력에 따라 상당히 자유로운 예술적 표현을 할 수 있어. 그래서 많은 애니메이션 작가들은 다양한 재료와 스타일을 선택하지. 하지만 상업 스튜디오처럼 표준화된 작업 과정이 아니니까 보통 단편 작품을 많이 만들어. 정말 멋진 단편 애니메이션이 많이 있지.

굴군 저도 이런 식의 애니메이션이라면 만들 수 있을 것 같아요. 잡동사니 연극이라면 자신 있거든요.

팽부장 귤 군은 분명 훌륭한 애니메이션 감독이 될 수 있을 거야. 〈월레스와 그로밋〉이나 〈치킨 런〉으로 유명한 아드만 스튜디오를 만든 데이비드 스프록스턴과 피터 로드 또한 어린 시절 학교 끝나고 주변 물건들로 간단한 작품을 만들면서 애니메이션에 대한 꿈을 키워 나갔대.

굴군   몸이 근질근질…… 빨리 뭔가 만들어 보고 싶어요!

팽부장   흠, 굴 군이 재능을 발견한 것 같네? 우리 함께 학교에서 애니

하자!

2
초창기 애니메이션 장치를 만들어 보자

그냥 팽이 장난감 같은데요.

원리만 알면 팽이뿐 아니라 휴지도 애니 장치로 변신한다고!

미안해요. 난 누가 바퀴를 훔쳐 간 줄…… 가만!

여기 자전거를 세워 두는 사람은 나밖에 없잖아요!

자자, 어서 출발하자고!

또 어디로요?

본격적인 애니 장치들이 생겨나기 시작한 빅토리아 시대로!

장난감으로 알아보는 애니메이션의 원리

팽부장   여긴 19세기 영국, 빅토리아 여왕이 나라를 다스리던 시대야.

굴군   여긴 왜요?

팽부장   이때 유행했던 장난감을 소개해 주려고.

굴군   장난감 갖고 놀 나이는 아닌데.

팽부장   이건 그냥 장난감이 아니야. 1825년에 존 패리스가 만든 소마트로프Thaumatrope라는 건데, 원조 애니메이션 장치라고 할 수 있지.

굴군   애니메이션 장치요?

팽부장   어떻게 갖고 노는지 볼래? 우선 여기 고무줄이 달려 있는 작은 원판을 양손으로 들어. 원판의 앞면에는 새장이 그려져 있고 뒷면에는 새가 그려져 있어. 이제 고무줄을 잔뜩 꼰 다음 당겨서 빠르게 회전시키는 거야.

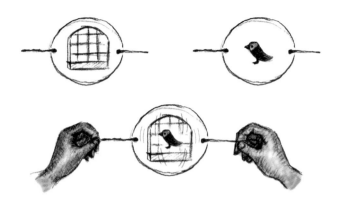

귤군   와, 두 그림이 합쳐져 보인다! 새가 새장 속에 있는 거 같아요.
        그런데 이거 어렸을 때 해 본 거 같아요. 잔상개비랑 비슷한
        거 같은데…….

팽부장   그럼 왜 그림이 겹쳐 보이는지 알아?

귤군   그건 잘…….

고선배   그림이 겹쳐 보이는 이유는 잔상 효과 때문입니다. 우리 눈은
        10분의 1초 동안은 앞에서 본 상을 간직하고 있지요. 아래에
        있는 음침한 고양이 그림 가운데에 있는 흰 점을 30초 이상
        뚫어지게 보고 있다가 옆에 있는 검은 점을 바라보면 언뜻 고
        양이 그림이 보이게 됩니다. 이걸 잔상 효과라고 하지요.

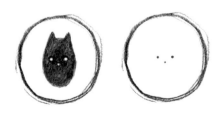

굴군   애니메이션은 우리 눈의 착시를 이용한 거라는 말이죠? 그나
     저나 200년 전 아이들이 이런 착시 장난감을 가지고 놀았다
     니 대단한데요!

고선배 19세기는 과학의 시대였습니다. 자연과 인간, 과학과 기술에
     대해 많은 연구가 이루어졌지요. 이때 증기기관이 발명되고
     산업혁명이 일어났어요. 인체의 각 기관에 대한 연구도 활발
     히 이루어졌는데 유럽에서는 '시각'을 진리를 밝히는 감각이
     라고 생각했기 때문에 시각에 대한 연구가 집중적으로 이루
     어졌답니다.

굴군   그런데 애니메이션은 두 그림이 하나로 겹쳐 보이는 게 전부
     는 아니잖아요. 그림이 움직이는 원리가 잔상 효과로 설명되
     나요?

팽부장 맞아. 잔상 효과는 두 그림이 겹쳐 보이는 것은 설명할 수 있
     지만 영상의 움직임은 설명하기 어려워. 이제 다른 장난감을
     소개해 줄게. 1800년대 후반에 나온 키네오그래프Kineograph라
     는 거야. 종이에 그려진 그림들을 책장 넘기듯 빨리 넘기면서
     보는 장난감이야.

굴군   교과서 귀퉁이에 그림을 그려서
     휘리릭 넘겨 보는 거랑 똑같네요?

팽부장 플립 북이라고도 하지. 플립 북에
     는 또 다른 애니메이션의 원리가
     들어 있어. 바로 가현 운동이야.

굴군   가현 운동이 뭐예요?

팽부장 　가현 운동은 독일의 심리학자 베르트하이머가 발견했어. 설명은 직접 들어 봐. 베르트하이머 씨!

베르트 하이머 　(펑!) 내가 발견했기 때문에 하는 말은 아니고, 가현 운동은 잔상 효과에서 한 단계 더 나아간 위대한 발견이란다.

팽부장 　베르트하이머 씨, 귤 군에게 가현 운동에 대해 설명해 주세요.

베르트 하이머 　자, 어두운 방 안에서 스위치를 이용해서 불빛 두 개를 번갈아 빛나게 해 볼까? (딸깍딸깍! 딸깍딸깍!) 어때?

귤군 　어라? 전구가 순간적으로 이동한 것처럼 보여요.

베르트 하이머 　맞아. 두 개의 전구를 번갈아 깜박거리면 전구가 왔다 갔다 움직이는 것처럼 보여. 실제로는 움직이지 않았는데 말이야. 이게 내가 발견한 가현 운동이라는 현상이야. 한마디로 가현 운동이란 물리적으로 일정한 위치에 있는 사물이 착시에 의

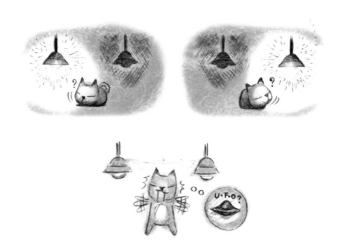

해 움직이는 것처럼 보이는 현상이야.

팽부장 가현 운동은 애니메이션뿐만 아니라 영화처럼 움직이는 영상의 원리를 설명할 수 있는 과학적 원리야.

베르트 맞아. 나는 시간상 연속적인 이미지를 적당한 간격을 두고 영
하이머 사하면 마치 이미지가 움직이는 것처럼 보인다는 걸 발견한 거야. 예를 들어 조금씩 위치가 달라지는 화살 그림 세 장을 적당한 시간 간격을 두고 벽에 차례로 영사하면 우리는 그 화살이 이동하는 것처럼 느껴. 단, 정지한 이미지가 우리 눈을 속이려면 적어도 0.06초의 간격이 필요해. 만약 두 개의 이미지를 영사하는 시간이 더 짧다면 두 이미지는 하나로 보이고, 영사하는 시간이 너무 길어지면 움직임이 느껴지지 않아. 말이 좀 길어졌는데 결론은 내가 위대한 발견을 했단 거지. 그럼 안녕~.(펑!)

굴균 와, 우리는 베르트하이머 씨 덕분에 움직이는 그림을 볼 수 있게 된 거네요.

팽부장 꼭 그렇진 않아. 구석기 시대에도 멈춰 있는 그림을 움직이는 것처럼 보이게 할 수는 있었어. 예전에 말했던 동굴 벽화 기억나? 횃불을 들고 흔들면 동물 그림들이 움직이는 것처럼 보였을 거라고 했잖아.

고선배 고대 이집트의 신전에도 움직이는 그림이 있었지요. 람세스 2세가 이시스 여신을 위해 만든 거대한 신전에는 기둥 110개가 있었는데, 각각의 기둥에는 여신이 율동하는 모습이 연속적으로 그려져 있었습니다. 그런데 그 앞을 마차를 타고 빠르

게 지나간다면 어땠을까요?

굴군   마치 여신이 춤을 추는 것처럼 보였겠군요. 애니메이션처럼.

팽부장   그 당시 사람들은 가현 운동은 몰랐겠지만 여러 경험을 통해 그림이 움직이는 것처럼 보이게 하는 방법을 알고 있었던 것 같아.

굴군   착시 장난감에 움직이는 그림까지, 옛날에도 나름대로 애니메이션이 있었다는 말이네요.

팽부장   이제 우리도 옛날식으로 애니메이션 장치를 만들어 볼까? 카메라가 필요 없는 애니메이션 장치!

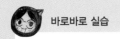
소마트로프 만들기

준비물

A4 종이, 두꺼운 종이 1장, 고무줄 4개, 가위, 풀, 송곳(또는 펀치)

방법

1 겹쳐 놓으면 하나의 그림으로 완성되는 그림을 떠올려 보자. 새장과 새, 개집과 개, 어항과 금붕어, 소녀와 커다란 안경 등.

2 A4 종이에 동그란 원을 두 개 그리고 양쪽에 들어갈 그림을 각각 그린다. 잔상이 더 잘 남도록 진하게 사인펜으로 그리는 게 좋다. 색칠을 해도 좋고.

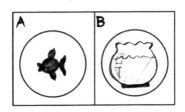

3 두 원판을 두꺼운 종이에 풀로 붙이자. 풀로 붙이기 전에 앞뒤로 돌려 보면서, 앞뒤 그림이 뒤집혀 보이지 않도록 유의하자.

tip 아래 그림처럼 앞뒤 그림이 합쳐져 달리는 말이 보여야 정상인데, 잘못 붙인다면 이상한 모습으로 합쳐질 수도 있어.

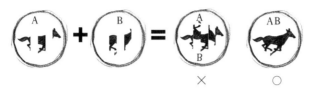

4 양 끝에 송곳이나 펀치로 구멍을 뚫고 고무줄을 묶는다.

5 고무줄을 잡고 빙빙 돌려 꼰 다음에 양옆으로 줄을 당기면 빠르게 원판이 회전하면서 두 그림이 겹쳐 보인다.

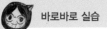
두 컷 애니메이션 만들기

준비물

A4 종이 여러 장, 스테이플러, 커터, 그림 도구

방법

1 A4 종이 한 장을 세로로 길게 반으로 나누어 자른다.

2 두 장의 종이를 각각 겹쳐 붙인다.

3 연속한 동작이나 모양이 변하는 그림 두 컷을 그려 보자. 복잡하지 않은 동작이 좋다.

4 앞 장에 연필을 돌돌 말아서 한쪽 손으로 종이의 끝을 잡고 빠르게 폈다 접었다 해 보자.

플립 북 만들기

준비물

A4 종이 3장, 커터, 스테이플러, 스티로폼, 제본용 테이프

방법

1 A4 종이 3장을 각각 12조각으로 잘라 36조각을 만든다.

tip 얇은 종이로 만든 메모지나 수첩을 이용하면 훨씬 쉽게 만들 수 있지!

2 앞 장에 뒷장이 비치는 것을 이용해서 36장면으로 나누어 그림을 그린다.(종이의 가장자리에 쏠리게 그려야 잘 보인다.) 꼭 정교한 캐릭터가 움직이는 그림을 그릴 필요는 없다. 글자가 써지는 과정이나 간단한 낙서 그림을 그려도 된다. 그림의 완성도보다는 움직임에 집중하자.

3 종이 뭉치가 두껍기 때문에 포장용 스티로폼으로 받치고 스테이플러를 180도 펼쳐서 찍는다. 뒷면에 튀어나온 심은 송곳 같은 공구로 구부린다.

4 오래 사용하기 위해서는 스테이플러 심 위쪽으로 제본용 테이프를 붙인다. 그리고 종이 끝부분을 칼로 다시 한번 자르면 더 잘 넘어간다. 완성되면 엄지를 이용하여 넘겨 본다.

5 익숙해지면 조금 더 어려운 동작이나 장면에 도전해 보자.

tip 플립 북과 애니메이션 애플리케이션

스마트폰에는 플립 북 아이디어를 기본으로 한 애니메이션 앱이 많이 있어. 애플의 'Animation Creator' 앱을 예로 들어 볼까?

이런 종류의 앱은 간단히 그림을 그리고 '+' 버튼을 누르면 먼저 그린 그림이 살짝 비쳐 보여. 그럼 플립 북을 만들 때처럼 그 위에 그림을 베껴 그리면서 살짝 바꾸면 돼. 충분히 컷을 그렸으면 플레이 버튼을 눌러서 확인해 봐.

애니메이션 장치의
진화

굴군   소마트로프나 플립 북 보면서 느낀 건데, 애니메이션을 만들려면 움직임을 표현한 그림도 있어야겠지만, 그림을 빨리 돌리는 장치가 꼭 필요하겠어요. 그래야 움직이는 것처럼 보일 테니까.

팽부장   굴 군, 네가 방금 애니메이션의 세 가지 조건 가운데 두 가지를 발견했어. 바로 '연속한 움직임을 포착한 그림'과 '그림을 빠르게 돌리는 장치'.

굴군   내가요? 그런 것도 같고…….

팽부장   그 사이에 애니메이션 장치도 길고 긴 진화의 여정이 있었어. 네가 그 당시 발명가라고 생각해 봐. 여러 장의 연속 그림을 준비하는 건 어렵지 않았을 거야. 그런데 그림을 빠르게 돌리는 장치는 어떻게 만들었을까?

굴군   회전 장치를 만들면 어때요? 선풍기처럼 빙글빙글 돌아가는 거나……. 아! 두루마리 휴지 같은 건 어때요? 휴지 칸칸마다 그림을 그려서 쭉 잡아당기면……?

고선배 원통을 이용한다는 건 정말 좋은 생각입니다. 최근까지 사용했던 필름통도 필름을 돌돌 말아서 영사했으니까요. 시각에 대해 연구하던 19세기 과학자들도 여러 가지 아이디어를 실제로 구현해 냈습니다. 조금 더 길고 실감 나는 움직임을 만들기 위해서 19세기부터 잔상 효과와 가현 운동을 이용한 시각적 장치가 만들어지기 시작했지요.

팽부장 그럼 소마트로프 이후 어떤 발전이 있었는지 볼까? 먼저 페나키스토스코프Phenakistoscope부터! 페나키스토스코프는 1832년에 나온 장치인데 연속된 그림이 그려진 원판을 회전시켜 거울에 비춰 보는 거야. 원판을 같은 크기의 부채꼴로 나누고 연속되는 그림을 차례로 그려 넣었지. 자, 이 원판에 그려진 그림을 자세히 봐.

굴군 뱀이 하나, 둘, 셋, 넷…… 여러 마리가 있어요.

팽부장 이번엔 이 원판을 압정으로 막대에 고정하고 거울 앞에 서 봐. 그리고 원판의 그림이 거울에 비치도록 자리를 잡고 원판을 돌리면서 작은 틈새로 그림을 봐.

굴군 오오, 신기하다. 뱀이 계속 튀어나와요! 게다가 굉장히 자연스러워요. 소마트

로프와 비교할 수 없이.

팽부장   아무래도 컷 수가 늘어났으니까 더 자연스럽겠지? 그리고 '처음과 끝이 이어지는 그림'이라는 점에선 플립 북과도 달라. 이건 자연스럽게 무한 반복할 수 있다고.

굴균   이거 돌릴수록 재미있는걸요? 마치 중독되는 느낌이에요.

팽부장   그 당시 사람들의 아이디어는 정말 무궁무진했어. 구글과 유튜브에서 Phenakistoscope를 검색해 보면 정말 다양한 이미지를 볼 수 있어.

굴균   페나키스토스코프로 무한 반복하는 것도 재미있기는 한데 보기가 조금 불편하긴 해요. 거울이 없으면 볼 수가 없고, 계속 들고 서서 돌려야 하잖아요.

팽부장   아마 이 장난감을 가지고 놀았던 그 당시 아이들도 그런 불평을 했을 거야.

고선배   그래서 애니메이션 장치는 점점 발전했습니다. 원판에 그려진 연속 그림이 움직임을 효과적으로 표현할 수 있다는 사실이 알려지자, 회전과 거울의 원리를 이용한 장치들이 나타나기 시작했습니다. 그중 하나가 조에트로프Zoetrope예요. 1834

년에 영국의 수학자 윌리엄 호너가 제작한 건데, 회전하는 원통 안에 연속한 그림을 넣고 원통의 작은 홈을 통해 움직임을 관찰하는 장치이지요.

글군   확실히 이건 더 돌리기 편하겠다. 물레 같다고 해야 하나? 그리고 필름 모양을 닮았어요!

팽부장   맞아. 드디어 필름 모양이 나타나기 시작했어. 이건 종이를 자르거나 칸을 나누어 그림을 그릴 수 있어서 앞 그림을 베껴 그리기가 쉬워. 그래서 연속하는 그림을 보다 정확하게 그릴 수 있었어. 무엇보다 좋은 건 그림이 그려진 종이를 갈아 끼울 수 있다는 거야. 종이를 계속 바꿔 끼우면서 내용이 이어지게 할 수도 있었지.

글군   그런데 이 작은 틈으로 영상을 봐야 해서 불편한 건 마찬가지예요.

고선배   어쩌면 장난감으로서는 큰 문제가 아니었을 수도 있습니다. 하지만 누군가는 보다 편하게, 여러 명에게 움직이는 그림을 보여 주고 싶다고 생각했겠지요. 그래서 프락시노스코프

Praxinoscope가 등장하게 됩니다. 프락시노스코프는 프랑스 사람 에밀 레노가 조에트로프를 개량해서 1877년에 만든 장치입니다. 에밀 레노는 프락시노스코프의 원통 중심에 거울을 설치해서 사람들이 거울에 비친 영상을 볼 수 있게 만들었지요. 이렇게 하면 구멍으로 볼 필요가 없으니까 여러 명이 함께 볼 수 있었어요.

팽부장　드디어 한 사람이 보는 장난감에서 여러 사람이 보는 장난감이 된 거란 말이지.

굴군　그런데 조에트로프 같은 옛날 애니메이션 장치가 낯설지 않아요. 어디서 본 듯한데…….

팽부장　이 애니메이션 장치들은 오늘날에도 신기한 구경거리로 여전히 인기가 있거든. 가령 지브리 스튜디오나 춘천 애니메이션 박물관 같은 애니메이션 전시 공간에 가 보면 애니메이션의 등장인물들이 나오는 커다란 조에트로프가 있어. 아니면 현대 작가가 조에트로프나 페나키스토스코프로 만든 작품을 봤을 수도 있고. 많은 사람들이 초창기 애니메이션 장치에 재미 있는 아이디어를 덧붙여서 작품을 만들고 있어. 예를 들어 사 이클로트로프Cyclotrope나…….

굴군 아, 맞다. 내 자전거 바퀴!

고선배 자전거 바퀴로 만든 페나키스토스코프를 사이클로트로프라 고 하지요. 사이클로트로프를 촬영해서 전시를 하거나 영화 를 만들기도 합니다. 팀 휘틀러와 리 채프먼이라는 작가는 자 전거 바퀴를 이용하여 〈사이클로트로프 실험〉이라는 영화를 찍었습니다. 두 작가의 홈페이지(http://thecyclotrope.bolgspot. com)에 들어가면 제작 과정과 함께 기발한 사이클로트로프 를 볼 수 있지요. 바퀴뿐 아니라 우리 주변의 다양한 회전 장 치를 응용해서 애니메이션 장치를 만들 수 있습니다. 턴테이블이나 도자기 만 드는 물레를 회전 장치로 이용한 도자기 애니메이션도 있답니다.

굴군 그런데 왜 하필 내 자전거 바퀴를!

팽부장 애니메이션 장치는 예술가들이 아이디어를 펼치는 예술의 한 장르야! 예술을 위한 건데 자전거 바퀴 하나가 아까운 거냐?

굴군 그럼 자전거 바퀴를 이용하지 않고 쉽게 만들 수 있는 방법을 알려 줘요!

팽부장 안 그래도 그럴 참이야.

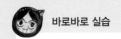

페나키스토스코프 만들기

페나키스토스코프에는 무한히 반복되어도 움직임이 자연스러운 그림을 그리는 것이 좋아. 마지막 동작과 첫 동작이 연결될 때 어색하지 않은 동작을 생각해 보자. 공을 던지고 받는 동작, 해가 떴다 지는 모습, 줄넘기 하는 사람, 웃었다 울었다 하는 사람 등. 소용돌이 같은 기하학적인 모양도 만들기 쉬우면서 효과가 좋아. 또 사물이나 도형을 여기저기 자유롭게 배치해도 재미있는 결과가 나올 수 있어. 파리가 윙윙대며 날아다니는 것처럼. 다양한 시도를 해 보며 나만의 페나키스토스코프를 만들어 보자.

준비물

두꺼운 도화지, 트레이싱지, 가위, 커터, 풀, 압정, 나무젓가락 2개, 테이프

방법

1 두꺼운 도화지에 컴퍼스와 각도기를 이용하여 아래와 같은 도면을 그린다. 부채꼴의 중심각은 모두 같아야 한다. 부채꼴 열 개를 만든다면 중심각은 36도이다.

2 트레이싱지에 원판 도면과 원판의 부채꼴 하나를 각각 베껴 그린다.

3 부채꼴 트레이싱지에 연속 이미지 열 개를 구성해
본다. 캐릭터가 등장하지 않아도 된다. 공이 중심에서
튀어나와 바깥쪽으로 나가는 단순한 동작을 그려 보자.
빨간 펜으로 공이 움직이는 동선을 그려 주자.

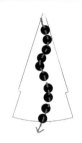

4 원판을 그린 트레이싱지에 연속 이미지를 옮겨 그린다.
부채꼴 트레이싱지를 뒤에 대고 원판의 부채꼴마다 공을 하나씩 옮겨
그리자(시계 방향으로).

 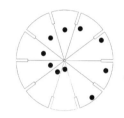

5 앞의 트레이싱지를 원판 도안에 붙인 다음 윤곽선대로 자르고 슬릿을
오려 내면 그림판이 완성된다.

6 이제 돌리는 장치를 만들 차례다. 그림판을
나무젓가락 두 개를 묶은 막대에 압정을 이용하여
고정하면 페나키스토스코프 완성!

tip 작은 플립 북을 만든 다음 한 컷 한 컷 오려 원판에 잘라 붙여도
페나키스토스코프를 만들 수 있어. 이때에는 그림의 위치가 원판의 가장자리 등으로
일정한 것이 좋아.

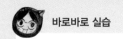
조에트로프 만들기

준비물

조에트로프 도안, 사인펜, 두꺼운 검은 종이, 커터, 가위, 수수깡, 종이컵, 못

방법

1 아래와 같은 도안을 준비한다. 도안은 프레임이 균등하고 슬릿(구멍)의

간격이 일정해야 한다.(구글 이미지에서 검색하거나 조에트로프 교육용

키트에서 도안을 구할 수 있다.)

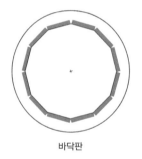

바닥판

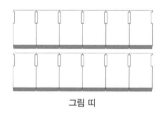

그림 띠

2 도안에 연속 이미지 열두 개를

구상하고 그린다. 연속 이미지는

나비의 날갯짓처럼 1초 정도로

표현하기에 적당한 이미지여야 한다.

욕심내지 말고 간단한 움직임이나

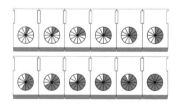

변화를 표현해 보자. 카운트다운 시계를 연상시키는 그림은 어떨까?

3 도안을 검은 종이에 붙인 다음 선을 따라 오린다. 엿보는 구멍 역할을 하는 슬릿도 잊지 말고 오린다. 두 띠를 그림이 이어지게 둥글게 이어 붙인다.

4 조에트로프의 바닥판 도안을 검은 종이에 붙이고 선을 따라 오린다.

5 앞에서 만든 바닥판과 그림띠를 풀로 붙인다.
도안에서 오렌지색 부분이 붙이는 면이다.

6 이제 조에트로프를 빠르게 돌릴 수 있는
장치를 추가해 보자. 상단에 구멍을 뚫고
고무줄을 묶어 돌리는 모빌 형태를 만들면 가장
빠르고 쉽게 완성된다.
하지만 빠른 속도로 지속적으로 돌리기가 쉽지
않아 접시돌리기를 하는 것처럼 밑에 긴 막대를
붙이는 방법을 많이 쓴다. 본체의 부피가 크기
때문에 안정적으로 돌리려면 막대가
두꺼워야 한다는 점을 주의하자.
종이컵에 수수깡 여러 개를 꽂아 같이
묶으면 부피가 넓은 뚱뚱이 막대를
만들 수 있다. 못을 이용하여 뚱뚱이

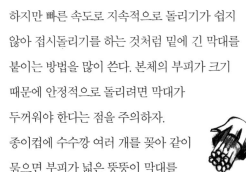

막대에 본체를 고정한다. 못을 박을 때 바닥면 안쪽에 두꺼운 종이를
둥글게 잘라 넣으면 더 잘 고정된다.

7 조에트로프를 돌리며 슬릿을 엿보면 빠르게 움직이는 시계의 환영이 보인다. 이 조에트로프 장치는 간단하게 재활용할 수 있다. 지금 시계가 있는 위치에 연속 그림 열두 개가 그려진 다른 그림띠를 끼워 넣으면 된다.

tip 조에트로프는 '악마의 바퀴'라고 불리기도 했어. 반복되는 움직임을 계속 보다 보면 멍하니 움직임 속에 빠져들게 돼. 좀 더 고민해 보면 연속 그림 열두 개로 멋진 작품을 만들 수도 있어. 올챙이가 탄생해서 개구리가 되었다가 거품처럼 사라지고 다시 올챙이가 탄생하는 1초짜리 루프 애너메이션은 어때? 여기에 일렉트로닉 댄스 음악을 넣으면 멋지겠지!

시각 장난감에서
애니메이션으로

굴군　18~19세기의 애니메이션 장치들은 오늘날 애니메이션과 비교해 보면 아무래도 장난감 같아요. 극장 같은 곳에서 더 많은 사람이 볼 수 있는 장치는 언제쯤 나와요?

고선배　19세기 이전에도 극장에서 움직이는 그림을 보긴 했지요. 그러려면 스크린에 그림을 영사하는 장치가 필요한데 17세기에 매직 랜턴이라는 환등기가 있었어요. 매직 랜턴 통 안에 촛불을 놓고 그림을 그린 유리판을 손으로 왔다 갔다 잡아당겨서 그림이 움직이게 만들었답니다.

팽부장　매직 랜턴으로 처음에 뭘 상영했는 줄 알아? 남자 입속에 쥐가 들어갔다 나왔다 하는 내용이었대. 들어갔다 나왔다 들어갔다 나왔다 들어갔다 나왔다 들어갔다 나왔다……

굴군　그만! 그런 식으로 한 시간이라면 싫다고요.

팽부장　　그렇다면 유령 이야기는 어때?

고선배　　이후에 로베르송이라는 사람이 매직 랜턴을 응용해서 한꺼번에 이미지 여러 개를 움직이는 판토스코프Fantoscope라는 환등기를 개발했답니다. 로베르송은 프랑스 혁명 직후 파리에서 사람들이 무서워할 법한 해골이나 유령 이미지를 그려 판토스코프로 영사했지요. 좀 더 으스스한 효과를 내려고 어둠 속에서 연기를 피워 놓고 유령의 상을 영사하기도 하고 교수형을 당한 루이 16세의 유령 형체를 띄워 놓고 사람들에게 질문을 하게 하기도 했답니다. 로베르송의 유령 쇼는 판타스마고리아Fantasmagoria라고 불리었지요.

굴군　　으…… 유령의 집 같았겠네요.

팽부장　　프랑스 혁명 때 많은 사람들이 죽은 뒤라 유령에 대한 공포가 상당했을 거야. 그런데 당시 파리 시민들은 무서워하면서도 이 유령 쇼를 보러 몰려들었대.

굴군　　그건 지금도 마찬가지 같아요. 사람들은 공포 영화나 불가사의한 광경을 보고 싶어 하잖아요.

팽부장 초자연적인 믿음을 눈으로 확인하고 싶어 하는 건 인간의 본능인지도 모르지. 그래서 애니메이션이 필요한 거고. 애니메이션은 환상을 실현하는 방법이니까.

굴군 그런데 로베르송의 판타스마고리아는 줄거리는 없고 그냥 쇼에 더 가까운 거 같아요. 내용이 있는 애니메이션은 언제 나와요?

팽부장 그건 에밀 레노 씨가 대답해 줄 거야.

레노 (펑!) 나는 더 길고 사실적인 이야기가 있는 판타스마고리아를 만들고 싶었어. 내가 애써 만든 프락시노스코프를 아이들 장난감으로 남겨 두기도 아까웠고. 그래서 프락시노스코프를 계속해서 발전시켰지. 자, 봐. 전에 만든 프락시노스코프랑 뭐가 달라진 거 같니?

굴군 손잡이도 생기고 거울의 각도도 바뀌었어요. 그리고 스크린에 영사하는 장치가 생겼네요.

레노 그래, 나는 프락시노스코프의 거울에 비친 상을 스크린에 영사되도록 만들었단다.

굴군   그런데 영사하는 장치가 두 개네요?

레노   하나는 배경이고 하나는 캐릭터란다. 왜 따로 있느냐고? 거울을 잘 이용하면 캐릭터랑 배경이 자연스럽게 합쳐질 수 있고, 배경은 그대로 두고 캐릭터만 움직이게 할 수 있다는 걸 깨달았거든.

굴군   와, 정말 멋져요.

레노   더 멋진 건, 내 첫 작품인 〈맛있는 맥주 한 잔 Un bon bock〉(1888)은 무려 컷 수가 700프레임이나 된다는 사실이야. 이걸 그리는 데 꼬박 3년이나 걸렸다고.

굴군   정말 대단해요. 그런데 배경은 한 장이면 되지만 캐릭터 그림은 컷 수가 엄청날 텐데 프락시노스코프에 어떻게 넣었어요?

레노   그게 정말 고민이었어. 아무리 원통을 크게 만들어도 그 안에 들어갈 그림의 컷 수는 한계가 있거든. 그때 좋은 생각이 떠올랐지. 실패에 실이 감기는 것처럼 톱니바퀴가 돌면서 필름을 끌어올려 차례로 원통과 정렬이 되도록 하는 거야. 그래서 필름 가장자리에 구멍을 뚫었지.

고선배   레노 씨의 이 아이디어는 영화 역사에서 굉장히 중요합니다. 이렇게 필름에 구멍을 뚫는 것을 필름 퍼

포레이션Perforation이라고 하지요. 필름 퍼포레이션 덕분에 애니메이션뿐만 아니라 영화에서도 긴 필름에 영화를 찍고 영사하는 일이 가능해졌거든요.

팽부장   드디어 이야기가 긴 애니메이션 영화를 만들 수 있는 기술이 발명된 거야!

레노   1892년 10월 28일은 정말로 역사적인 날이었다. 밀랍 인형들을 주로 전시하던 파리의 명소 그래뱅 박물관의 한 방에서 내가 만든 '시각 극장 Théâtre Optique'을 상영하기 시작했거든.

팽부장   레노 씨의 작품 〈탈의실 옆에서 생긴 일Autour d'une Cabine〉(1894)
은 유튜브에서도 볼 수 있어.

레노   당시 파리 시민들은 유행의 최첨단을 즐기면서 다양한 구경
거리를 찾아다녔는데, 나의 시각 극장도 꽤 인기를 끌었어.
1899년까지 파리 전 지역에서 무려 1만 2,800회가 상영되
었고, 50만 명 이상의 관객이 시각 극장을 관람했어. 하지만
1895년에…… 뤼미에르 그 자식이…….

귤군   왜 그러세요? 1895년에 무슨 일이 있었나요?

고선배   당시는 다양한 시각적 구경거리가 앞다투어 발명되던 시기
였어요. 레노 씨가 시각 극장을 상영한 지 3년 후인 1895년에
뤼미에르 형제가 최초의 영화를 상영했지요. 역에 기차가 도
착하는 장면을 담은 영상이었는데, 실제로 기차가 들어오는
줄 알고 사람들이 뒤로 넘어졌다는 얘기도 있답니다. '움직이
는 사진'을 처음 경험했으니 그럴 만도 했지요.

레노   내가 진짜 열 받는 건 사람들이 뤼미에르, 뤼미에르 하면서
원조로 떠받드는데 뤼미에르 형제가 발명한 시네마토그래프
Cinematograph라는 영사기는 내가 발명한 필름 퍼포레이션이 없
었다면 나오지도 않았을 거라고!

팽부장   게다가 영화는 그냥 촬영만 하면 되지만 레노 씨는 한 장 한
장 그림을 그린 거잖아요.

레노   맞아. 내 작품은 영화와는 다르지. 그림이 움직인다는 게 얼마
나 멋진 일이야! 하지만 매번 수백 장을 그리는 건 너무 힘들
었어. 게다가 내가 사용한 필름은 젤라틴이라 빙글빙글 돌릴

때 마찰열에 타 버리고는 했지. 필름 손상을 막기 위해 그림들을 한 통 한 통씩 소중하게 상자에 보관했지만 몇 번 상영하면 전부 훼손되었어.

굴군　뤼미에르의 영화 필름도 그렇게 금방 타 버렸나요?

레노　그쪽은 최신 발명품인 셀룰로이드 필름을 사용해서 훼손이 덜했어.

팽부장　레노 씨, 자부심을 가져도 돼요. 이야기가 있는 애니메이션을 최초로 상영하셨잖아요. 그리고 레노 씨가 없었다면 영화도 없었을 거예요. 영화의 탄생에 큰 기여를 하신 거예요.

레노　고맙구나. 뤼미에르 녀석한테 콤플렉스 안 가져도 되겠지? 그럼 이만.(팽!)

팽부장　굴 군, 시각 장치들의 진화 과정을 보니 어떤 생각이 들어?

굴군　소마트로프나 조에트로프가 처음에는 장난감 같았는데, 이 장치들이 애니메이션을 이해하기 위해 정말 중요한 것이라는 생각이 들어요.

팽부장　시각 장치의 역사는 인류 역사 속에서 애니메이션 영화가 탄생하기까지 필요했던 다양한 조건을 하나하나 발명해 나간 과정이라고 보면 될 것 같아.

굴군　오, 멋있는 표현인데요! 저도 동의해요.

팽부장　굴 군, 그렇다면 우리 이제 애니메이션이 탄생하는 데 필요한 세 가지 요소를 정리해 볼까?

굴군　첫 번째는 변화하는 동작이나 모양을 연속해서 담고 있는 그림, 두 번째는 그 그림을 빨리 돌릴 수 있는 장치, 세 번째는 레노 씨가 만든 것처럼 애니메이션을 다 같이 볼 수 있게 하는 환등기나 프로젝터 같은 영사 장치. 이 세 가지가 애니메이션을 만들었어요.

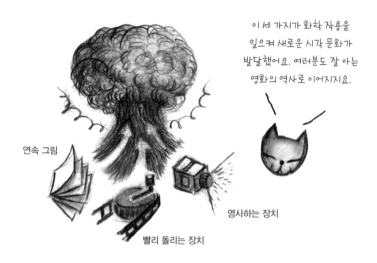

이 세 가지가 화학 작용을 일으켜 새로운 시각 문화가 발달했어요. 여러분도 잘 아는 영화의 역사로 이어지지요.

연속 그림

영사하는 장치

빨리 돌리는 장치

팽부장   역시 귤 군은 애니메이션 부원이 될 자격이 있어. 그럼 애니메이션 탄생에 필요한 세 번째 조건, 영사기를 만들어 보자.

스마트폰으로 영사기 만들기

준비물

검은색 폼보드, 스마트폰, 돋보기, 포장용 테이프(또는 검은색 테이프)

방법

1 폼보드를 이용해서 자신의 스마트폰이 들어가기에 적당한 상자를
만들고 앞부분에 돋보기 크기로 구멍을 뚫는다.

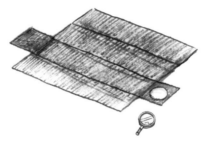

2 구멍에 돋보기를 붙인다.

3 돋보기 렌즈와 적당한 거리를 두고
스마트폰을 폼보드로 만든 상자에
세워 넣는다. 상자를 완전히 밀폐하고
벽에 영사해 본다.

4 스마트폰의 위치를 옮겨 초점을 맞춘다. 스마트폰이 렌즈와 너무 가까이 있거나 비스듬히 틀어져 있지 않도록 한다.

5 벽에 영사된 화면은 좌우가 바뀌어 있다. 스마트폰의 영상 앱을 이용해서 영상과 자막을 반전시키면 제대로 된 영상을 즐길 수 있다.

3
스톱 모션 기법으로
학교 괴담을 찍어 보자

내가 동아리 방에 도착한 것은
밤 10시. 팽 부장이 학교 축제
때문에 보자고 했거든.

그런데 이상하게
불이 켜지지 않았어.

딸깍 딸깍

하지만 밝은 보름달이 있어
상관없다고 생각했지.

10분을 기다렸지만
팽 부장은 오지 않았고

난 무료한 마음에
컴퓨터를 켰어.

그런데 그때 갑자기!

네 피가……

두
둥실

창
밖
에!

퍼벅!

필요해……

쿵

귀,
귀신이……!

귤 군, 일어나!
기절한 거야?

넌 이
프로젝터에서
나온 영상을
본 거야.

창문에 비춰
공중에 떠 있는
것처럼 만들었지.

효과 검증 끝!
축제 프로그램
'애니부 공포 체험'
대박 예감!

딱!

그날 밤 공포 체험은
여기서 끝이 아니었다.

가만
안둬!

오싹!

?

스톱 모션
애니메이션의 탄생

팽부장 　귤 군, 오늘은 스톱 모션 애니메이션을 만들어 볼 거야.

귤군 　스톱 모션 애니메이션? 뭔가 멋져 보인다. 그런데 스톱 모션 애니메이션이 뭐예요?

팽부장 　너도 스톱 모션은 낯설지 않을걸? 어젯밤에 네가 봤던 귀신도 스톱 모션 기법으로 만든 거니까.

귤군 　어젯밤 이야기는 그만!

팽부장 　알았어. 하지만 스톱 모션에 대해 알고 나면 무섭지 않을 거야. 너 레노 씨의 프락시노스코프가 왜 실패했는지 기억나?

귤군 　사람들이 그림으로 만든 시각 극장보다는 뤼미에르 형제의 영화에 더욱 열광해서요.

팽부장 　그만큼 실제 움직임을 그대로 보여 준다는 게 획기적인 일이었던 거지. 실사 영화는 사람들을 단숨에 휘어잡았어. 뤼미에르 형제를 시작으로 실사 영화의 시대가 열렸지.

귤군 　그런데 실사 영화랑 스톱 모션 애니메이션은 무슨 관계예요?

고선배 스톱 모션이란, 정지한 영상을 연결해서 마치 움직이는 것처럼 보이게 만든 것입니다. 초창기 애니메이션 장치들도 움직이지 않는 그림들을 빠르게 돌려서 마치 움직이는 것처럼 보이게 만든 거였지만, 스톱 모션 애니메이션은 그림이 아니라 카메라로 촬영한 영상으로 움직임을 만든다는 차이가 있습니다. 즉, 스톱 모션 애니메이션이 등장하려면 '실사 영화'가 먼저 등장해야 하지요.

영화와 애니메이션은 서로
얽히고설키며 발전하는 관계입니다.

팽부장 첫 실사 영화는 뤼미에르 형제가 만들었다고 했지? 그런데 뤼미에르 형제의 영화를 관람한 사람 가운데 조르주 멜리에스라는 마술사가 있었어. 멜리에스는 무대 마술을 새로운 구경거리였던 실사 영화와 결합했지. 마술사의 머릿속에 있던 다양한 아이디어가 영화 속에서 실현되었던 거야. 그리고 이때 스톱 모션 기법이 처음으로 등장하게 됐어.

멜리에스 (펑!) 하하하하, 위대한 마술사였던 나는 사람들에게 환상을 보여 줄 수 있는 다양한 트릭을 연구했단다. 그래서 뤼미에르 형제의 영화를 발견했을 때 말할 수 없이 기뻤지. 그 당시 파리 사람들은 마술 쇼를 비롯해 판타스마고리아 같은 악마나 유령이 나타나는 쇼를 좋아했어. 나는 그런 전통적인 구경거리를 멋진 마술 영화로 만들었단다.

내 영화에서는 물건이나 사람이 사라졌다 나타나거나 악마의 장난처럼 물건이 저절로 움직이는 장면이 나와. 가령 1896년 작품 〈사라지는 귀부인The Vanishing Lady〉에서는 천 속에서 귀부인이 사라지는 마술을 보여 주었지.

굴군　헤헤. 잠깐 카메라를 끄고 귀부인이 카메라 밖으로 나간 것 아니에요?

멜리에스　오오, 아주 영리하구나. 하지만 당시 사람들은 카메라에 대해 잘 몰랐기 때문에 영화 속에서도 현실과 똑같이 귀부인이 사라진 줄 알았단다. 나는 이런 식으로 여러 가지 마술을 영화로 만들었지. 막연한 환상적인 이야기나 괴담을 담아내는 데 영화는 정말 안성맞춤인 매체였어.

팽부장　멜리에스 씨 영화는 본격적인 애니메이션은 아니었지만 간단한 스톱 모션 기법을 배울 수 있어. 멜리에스 씨, 이렇게 오셨으니 마술 영화를 어떻게 만드셨는지 알려 주세요.

멜리에스 하하, 그럴까? 마술이란 사람의 손을 거치지 않고 놀라운 변화가 일어나는 일이지. 카메라를 이용하면 이 놀라운 변화를 쉽게 만들어 낼 수 있단다. 카메라를 잠깐 멈춰 놓고 물건을 바꿔치기하거나 없앤 다음 다시 촬영을 하면 마법이 일어난 거 같거든. 어떤 변화든 사람 손이 닿는 장면을 없애면 근사한 마법이 일어난단다.

위 그림에서 중간 장면을 뺀다면 어떻게 보일까?

굴군 저절로 촛불이 켜진 것처럼 보여요.

멜리에스 또 이런 장난도 해 볼 수 있지. 앞으로 조금씩 움직이면서 줄 넘기를 하는 연속 사진을 찍는 거야.

그리고 여기에서 공중에 떠 있는 장면만 남기는 거지.

귤군   꼭 공중부양을 하는 것 같아요.

멜리에스   이게 내 마술의 비법이었단다. 그럼 난 이만.(펑!)

귤군   이런 속임수라면 나도 마술사 흉내를 내 볼 수 있겠어요.

팽부장   귤 군, 이제 스톱 모션이 뭔지 알겠니?

귤군   촬영과 촬영 사이에 애니메이터가 개입해서 실제로 존재하지
         않는 움직임을 만들어 내는 거, 그게 스톱 모션 아니에요?

팽부장   정답! 그리고 그건 스톱 모션 애니메이션과 실사 영화의 차이
         점이기도 해.

귤군   둘 다 카메라로 만든 영상이라는 점에서는 같지만 실사 영화
         는 실제로 움직이는 것을 그대로 촬영하고, 스톱 모션 애니메
         이션은 움직임을 만들어 낸다는 점에서 다른 거죠.

팽부장   귤 군, 훌륭한데! 우리, 간단하게 스톱 모션 애니메이션을 만
         들어 볼까?

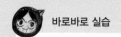
학용품으로 마술 영상 만들기

동영상 촬영 기능을 이용해서 직접 마술사처럼 연기를 해 보는 것도 좋아. 변화가 일어날 시점에서 카메라를 잠깐 끄고 변화를 만든 다음 다시 촬영하면 돼. 마술은 영상 편집이 해결해 줄 거야.

준비물

디지털 카메라와 미니 삼각대(또는 스마트폰과 스마트폰 거치대), 학용품

방법

1 책상 위의 학용품을 보고 다양한 아이디어를 떠올려 보자.

- 지우개를 손에 쥐었더니 작은 핀으로 변한다면?
- 필통에 연필을 집어넣었는데 꽃이 나온다면?
- 책상 위에 연필깎이를 올려놓고 손수건을 덮었더니 사라진다면?

2 들고 있던 볼펜이 손목을 까닥하는 순간 별이 달린 펜으로 바뀌는 마술을 연출해 보자.

3 고정된 화면을 반복해서 찍기 위해 삼각대에 카메라를 고정하자.

4 평범한 볼펜을 들고 있다가 손목을 까닥할 때 카메라를 껐다가 다른

펜을 들고 카메라를 다시 켠다.

5 아이무비 같은 앱에서 두 동영상을 연결해 보자.

6 촬영한 영상에 음악을 깔아 흥겨운 분위기를 내거나 자막을 달아
이야기를 풍성하게 한다.

더 해 보기

다른 마술도 촬영해 보자. 다양한 마술을 찾아보고 어떤 마술이 좋을지
생각해 보자.

- 손 위에서 물건이 없어지거나 사라지는 마술
- 갑자기 사람이 사라지는 마술
- 물건이 커지거나 작아지는 마술
- 작은 힘으로 물건이 눈에 띄게 변화하거나 움직이는 마술

스톱 모션
기법의 진화

팽부장　멜리에스 씨가 물건이나 사람이 나타났다 사라지는 마술 쇼를 영화로 만든 이후 좀 더 진화된 스톱 모션 기법이 다양하게 발명되었어. 스톱 모션 기법 덕분에 귀신 들린 집을 다룬 영화들이 많이 만들어지고 큰 인기를 누렸지. 귤 군, 귀신 들린 집이라면 어떤 장면이 나올 것 같니?

귤군　가구나 물건이 제멋대로 움직이고, 테이블에서 꽃병이 떨어지고, 초상화가 말을 하고……. 결국 모든 게 자동으로 움직인다는 거네요.

팽부장　그게 바로 애니메이션의 본질이고, 우리가 탐구할 스톱 모션 애니메이션의 세계야. 멜리에스 씨도 유령들의 장난이 나오는 영화를 많이 찍었지만 그건 아주 간단한 스톱 모션 기법이었어. 본격적으로 스톱 모션 기법만을 활용해서 영화를 찍은 사람은 에디슨 영화사의 촬영 기사였던 제임스 스튜어트 블랙턴이었지.

굴군   그건 어떤 영화였어요?

고선배   〈귀신 들린 호텔The Haunted Hotel〉(1907)입니다. 이 영화는 무척
        인기가 있어서 유럽에서도 촬영 기법을 둘러싸고 상당한 화
        젯거리가 되었어요. 프랑스 신문 르몽드는 현상금까지 걸었
        답니다. 또 비슷비슷한 영화들이 만들어지기도 했지요. 지금
        블랙턴의 영화는 남아 있지 않아요. 대신 스페인 영화 제작자
        인 세군도 데 초몽의 〈전기 장치 호텔El Hotel Eléctrico〉(1908)이
        블랙턴의 영화와 내용이 비슷합니다. 초몽은 자신이 스톱 모
        션 기법을 발명했다고 주장했다더군요.

팽부장   이 영화는 호텔에 두 부부가 방문했는데, 종업원은 보이지 않
        고 호텔 안의 물건들이 스스로 움직여서 두 부부의 시중을 들
        어 준다는 내용이야. 그런데 이 호텔이 귀신 들린 게 아니라

사실 전부 '전기 장치'였다는 설정이야. 마지막에는 호텔의 전기 장치가 고장 나면서 엉망이 되지.

굴군 하하, 전기 장치 때문에 귀신 소동이 난 거예요?

고선배 당시는 전기가 발명된 지 얼마 되지 않았을 때라 전기 장치가 마술처럼 느껴졌을 때입니다. 그래서 '전기의Electric'라는 단어는 '마술적'이라는 뜻으로도 쓰였지요.

굴군 그런데 물건이 스스로 움직이는 건 어떻게 찍은 거예요?

팽부장 그건 블랙턴 씨한테 직접 물어봐.

블랙턴 (펑!) 그래, 그건 내가 설명하는 게 좋겠구나. 너희가 초몽의 〈전기 장치 호텔〉을 보는 것을 보고 화가 나서 말이야. 분명 내가 먼저 스톱 모션 애니메이션을 발견했다고!

팽부장 후후, 블랙턴 씨 작품은 지금 남아 있지 않으니 이해해 주세요. 대신 굴 군에게 스톱 모션을 어떻게 발견하게 됐는지 좀 알려 주세요.

블랙턴 그러려면 먼저 시네마토그래프의 사용 방법부터 설명해야 해. 당시 사용하던 시네마토그래프는 영사기 겸 카메라였어. 촬영 기사가 손잡이를 돌려 필름을 감으면서 촬영을 하고, 나중에 영사할 때에도 손잡이를 돌리는 방식이었지. 아무튼 영화를 촬영할 때에는 계속 손잡이를 돌려야 했단다. 1900년대 초반에 나는 에디슨의 영화사에서 촬영 기사로 일하고 있었는데, 어느 날 내가 촬영한 영화를 보다가 신기한 것을 발견했어. 갑자기 하늘에서 구름이 감쪽같이 사라진 거야. 꼭 마술처럼.

굴군   왜 그런 거예요?

블랙턴   잠깐 멈추었다 이어서 촬영하면서 구름이 움직이는 것을 생각하지 못했던 거야. 그때 깨달았지. 촬영을 잠깐 멈추고 촬영 대상을 옮겨 놓고 다시 찍으면, 마치 자동으로 물건이 움직이는 것처럼 보인다는 걸.

굴군   영화로 마술을 할 수 있다는 사실을 깨달은 거군요. 멜리에스 씨처럼.

팽부장   멜리에스 씨가 물건이 나타나고 사라지는 기술 정도에 머물렀다면 블랙턴 씨는 영화 속에서 사물이 저절로 움직이는 것처럼 보이는 기술을 개발한 거지. 블랙턴 씨, 이제 굴 군에게 〈귀신 들린 호텔〉의 비밀을 알려 주세요.

블랙턴   자동 움직임을 표현하는 스톱 모션의 원리는 의외로 간단해.

- 먼저 무언가를 촬영한다.
- 카메라를 끈 상태에서 조금씩 변화를 준다. 모양이든 움직임이든.
- 그 다음 다시 사진을 찍는다.
- 무한히 반복한다.

비법은 변화를 주는 손을 보이지 않게 하는 거야. 사람 손이 닿지도 않았는데 물건이 이동하고 그림이 그려졌으니 얼마나 놀라운 일이니? 카메라의 간단한 트릭만 있으면 가능한 일이지만 당시에는 상당히 최신 기술이었단다. 할 일이 끝났으니 난 이만……(펑!)

굴군 　스톱 모션은 모든 애니메이션의 기본 원리인 거 같아요. 어차피 애니메이션이란 움직이지 않는 대상을 움직이도록 하는 거잖아요.

팽부장 　우리도 스톱 모션 기법으로 사물이 자동으로 움직이는 애니메이션을 만들어 볼까?

굴군 　좋아요.

팽부장 　굴 군, 그런데 먼저 생각해 볼 게 있어. 스톱 모션 애니메이션이라고 해서 정지한 그림을 여러 컷 이어 놓기만 하면 아무 의미가 없어. 실사 영상으로 촬영하면 되는 걸 군이 힘들게 스톱 모션 애니메이션으로 촬영할 필요는 없겠지? 애니메이터에겐 마술사의 마음이 필요해. 생명이 없는 사물에 생명을 불어넣어 움직이게 하는 것이 애니메이터의 역할이야. 물리적으로 움직이게 하는 것은 컴퓨터, 카메라, 손이 하는 일이지만 어떤 모습으로 변화하는지는 전적으로 애니메이터의 손에 달려 있지. 애니메이션 감독은 곧 조물주라고.

굴군 　어쩐지 무서워.

팽부장 　으하하하하하하하하.(음산하게 웃는다.)

스톱 모션과 애니메이션

스톱 모션 애니메이션은 애니메이션 기법이자 상위 개념이라고 볼 수 있습니다. 스톱 모션 기법으로 정말 다양한 종류의 애니메이션을 만들 수 있지요. 찰흙으로 만든 대상을 조금씩 움직여서 촬영하는 클레이 애니메이션Clay Animation, 사람을 마치 인형처럼 촬영해서 만든 픽실레이션Pixilation, 인형을 촬영해서 만드는 인형 애니메이션Puppet Animation, 일상적인 사물을 움직여서 만드는 오브제 애니메이션Object Animation 등이 모두 스톱 모션 애니메이션이랍니다.

생각해 보면 2D 애니메이션도 조금씩 그림을 움직여서 만드는 스톱 모션 애니메이션이라고 할 수 있지요. 심지어 3D 애니메이션도 아주 넓은 의미에서는 스톱 모션 애니메이션이라고 볼 수 있어요. 컴퓨터 그래픽으로 그린 3D 인형을 움직이는 것이니까요. 워낙 특화된 장르이다 보니 따로 소개되지만, 엄밀히 말해 모든 애니메이션은 스톱 모션 애니메이션이라고 주장하는 사람들도 있답니다.

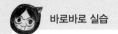
저절로 벗겨지는 귤껍질

준비물

디지털 카메라, 삼각대, 귤

방법

1 삼각대에 카메라를 고정하고 귤을 클로즈업한다.

2 조금씩 귤껍질을 벗기면서 계속 촬영한다.

3 윈도우 무비 메이커 같은 프로그램을 활용하여 간단한
애니메이션으로 만들어 보자. 일부러 손이 들어가도록 연출한 게
아니라면 편집 전에 잘못 나온 컷들을 삭제해야 자연스러운 영상이
된다.

더 해 보기

사과 껍질을 깎는다든가 오렌지를 여러 조각으로 나누는 애니메이션을
만들 수도 있다. 다른 채소나 식빵 같은 재료로도 실험해 보자.

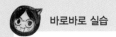

유령 미용사

준비물

디지털 카메라, 삼각대, 머리가 긴 친구

방법

1 머리를 단정하게 빗는다.

2 헝클어진 머리 모양을 촬영한다. 첫 장면에서는
프레임을 추가해서 시간을 확보한다.

3 촬영과 촬영 사이에 빗을 조금씩 내리면서
머리를 빗는다.

4 다시 단정한 머리로!

tip iMotion 같은 타임 랩스 애니메이션 앱을 이용하면 혼자서도 애니메이션을
만들 수 있어. 타임 랩스란 일정한 간격을 두고 촬영해서 전체 시간을 단축하는
기능이야. 앱에서 촬영과 촬영 사이의 시간 간격을 조절할 수 있어.

스톱 모션으로
학교 괴담 찍기

팽부장   우리, 학교 괴담을 애니메이션으로 촬영해 볼까?

굴군   으, 난 무서운 건 질색인데! 내가 다니던 초등학교에도 귀신 이야기가 있었어요. 운동장에 이순신 동상이 있는데, 밤 열두 시가 되면 칼을 차고 복도를 어슬렁거린대요. 과학실에 얽힌 괴담도 있는데…….

팽부장   으으으, 나까지 으스스해지는걸.

굴군   무슨 소리야! 창문에서 귀신처럼 날아 들어온 사람이 누군데!

팽부장   후후, 아주 간단한 스톱 모션 기법일 뿐이라니까. 사람뿐 아니라 사물도 마음대로 움직일 수 있다고! 지금부터는 카메라와 삼각대를 들고 학교 여기저기를 돌아다니며 촬영해 보자.

저절로 열리는 문

팽부장   역시 학교 괴담의 기본은 저절로 열리는 문이지. 먼저 문이

나오게 촬영 구도를 잡아. 한 친구가 문 뒤쪽에 서서 문을 조금씩 여는 거야. 아주 조금씩. 촬영하는 사람은 문을 열고 닫는 사람이 화면에 들어가지 않게 해야 해. 자, 이제 촬영한 사진들을 빠르게 돌려 볼까?

굴군 　와! 문이 저절로 움직이는 것처럼 보이네!

팽부장 　이번에는 아까 촬영한 사진에 이어서 문을 닫아 보자. 이렇게 문이 저절로 닫히는 장면까지 촬영해서 스톱 모션 앱의 루프 버튼을 누르면 무한히 재생되는 움짤(움직이는 짧은 동영상)을 만들 수 있지.

굴군   그런데 문이 확 열릴 수도 있고, 천천히 열릴 수도 있잖아. 그건 어떻게 찍어요?

고선배   애니메이션을 촬영할 때 똑같은 움직임이라도 한 번에 변화를 조금 주는지, 많이 주는지에 따라서 움직임과 변화의 속도가 달라집니다. 주스가 서서히 없어지는 애니메이션을 촬영하려면 주스를 조금씩 마시면서 한 컷씩 촬영하면 되겠지요? 단 주스를 반드시 똑같은 자리에 놓아야 합니다. 반대로 주스가 빨리 사라지는 것을 촬영하려면 한꺼번에 많이 마시면 되겠지요? 아까는 스무 번에 걸쳐 천천히 주스가 사라졌다면 빨리 사라지게 하려면 세 번 정도로 나눠 마시는 것이지요.

책상 위에서 벌어지는 마법

팽부장   필통 속에서 연필들이 차례로 나와 줄을 선다거나 색종이가 저절로 접히는 장면을 찍을 수도 있어. 아니면 책상 위 어질러진 사물들이 가지런히 정돈되는 모습을 촬영하거나 책상 위의 사물들이 살아 있는 것처럼 뒤죽박죽 움직이다가 원래

대로 돌아가는 걸 촬영해도 재밌어.

굴군   책상 위에 작은 도깨비가 살고 있는 거 같겠다.

팽부장 '정리 애니메이션' 하면 〈메리 포핀스〉지. 메리 포핀스가 '설
        탕 한 스푼A Spoonful of Sugar' 노래를 부르며 손가락을 튕기면
        방 안의 물건들이 제자리를 찾아 저절로 정리가 되는 장면 말
        이야. 굴 군도 한번 찾아서 봐.

유리 현관문 통과하기

팽부장 귀신은 문을 열고 들어오지 않겠지? 문을 통과해서 들어오는
        모습을 찍어 볼까? 이번에는 유리 현관문에서 찍어 보자. 유
        리문 뒤에서 한 컷, 유리문 앞에서 한 컷 촬영하면 마치 유리
        문을 통과한 것처럼 보여.

굴군   이건 정말 으스스한걸. 사람이 나오니까 더 으스스하게 느껴
        지는 것 같아요.

고선배 물리적으로 불가능한 동작들이니까요. 유령이나 귀신이라면
        모를까? 또 어떤 동작들이 있는지 볼까요? 주의할 점은 같은
        동작으로 위치만 이동하고 움직이는 과정은 사진으로 남기지
        않는다는 겁니다.

빗자루 추격전을
찍을 수도 있어요!

투명 자동차를 타고
복도를 질주할 수도
있지요.

- 책상다리를 하고 교실 여기저기로 이동한다.
- 슈퍼맨 포즈를 취하고 책상에서 책상으로 이동한다.
- 복도에 누워서 애벌레처럼 꿈틀거린다.
- 운동장에서 일정한 거리를 점프해서 이동한다. 삼각대를 조금 멀리 설치하고 점프하는 친구를 옆에서 촬영한다. 공중에 뜬 순간만 촬영해 보자.
- 운동장 스탠드 위에서 여러 친구들이 앉은 채로 이동하는 장면을 연출해 보자.
- 의자에 앉아서 이동한다. 마치 카트라이더 게임처럼 재미있는 장면을 연출할 수 있다.

귤군   후, 온 학교를 돌아다니면서 촬영했더니 정신이 없네. 카메라 하나만으로 이렇게 재미있는 촬영이 가능하다니 정말 신나는 걸요?

팽부장   이제 스톱 모션 애니메이션의 매력을 알겠지? 귤 군, 오늘 만든 게 픽실레이션이라는 거 알아?

굴군   음, 픽실레이션이 뭐라고 했더라?

고선배 이렇게 스냅 사진을 이용해서 만드는 애니메이션을 픽실레이션이라고 합니다. 엄격하게는 사람을 마치 인형처럼 움직여서 사진을 찍고 움직임을 연출하는 경우만을 픽실레이션이라고 하지요.

팽부장 픽실레이션 애니메이터들은 세상을 만들지는 못하지만 움직임의 창조를 통해 세상을 새로 태어나게 하지.

굴군   세상을 새로 태어나게 한다……. 멋지다!

팽부장 후후, 오늘 큰 감동을 받았군. 하지만 스톱 모션 애니메이션의 세계는 이게 끝이 아냐. 다음엔 본격적으로 학교 애니메이터가 되어 보자!

스톱 모션 애니메이션 애플리케이션 사용법

앱을 이용하면 스마트폰으로 간단하게 스톱 모션 애니메이션을 만들 수 있습니다. '스톱 모션'으로 검색하면 다양한 스톱 모션 앱을 찾을 수 있지요. 여러 가지 앱이 있지만 원리는 다 비슷해요.

촬영 → 피사체의 상태 변화 → 촬영 반복 → 동영상으로 저장

'모션 스톱' 앱을 예로 들어 볼까요?

1 앱을 실행하면 다음과 같은 화면이 뜬다.

2 + 버튼을 누르면 스톱 모션 애니메이션을 만들 수 있는 새로운 프로젝트가 시작된다.

3 양쪽에 영상 제작을 위한 다양한 기능이 있다. 음성 녹음, 음악 추가, 동영상 속도, 크레디트 등 다양한 기능을 지원한다.

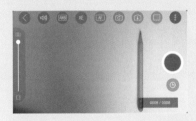

4 조금씩 피사체를 움직이면서 빨간 버튼을 누른다. 카메라는 될 수 있으면 움직이지 않도록 해야 하니까 스마트폰 거치대를 사용하면 좋다.

5 촬영 후에는 간단한 편집을 해 보자. 먼저 동영상 속도를 조절하자. 오른쪽으로 슬라이더를 이동할수록 더욱 빠른 동영상이 된다.

6 짠! 간단한 스톱 모션 애니메이션이 만들어졌다. 이메일이나 SNS 등에 올려서 공유해 보자.

픽실레이션 만들기

준비물

디지털 카메라, 삼각대, 귀신 연기를 해 줄 친구

〈유령이 다가오는 장면〉

1 복도 끝에 삼각대를 설치한다.

2 귀신 역할을 맡은 친구를 복도 끝에 세워 놓고 촬영한다. 귀신 역할을
맡은 친구를 조금씩 앞으로 오게 하고 그때마다 촬영한다.

3 마지막으로 얼굴을 클로즈업한다.

4 마지막 프레임은 여러 컷 촬영해서 시간을 늘린다.

tip 만화에서 강조하고 싶은 부분은 칸의 크기를 커다랗게 해서 강조하듯,
애니메이션에서 중요한 장면은 프레임 수를 여러 장으로 늘려 시간을 늘리면 돼.
같은 프레임이 늘어나면 강조하는 느낌이 들거든.

〈신기한 계단 오르내리기〉

1 계단을 오르락내리락 하려면 무릎이 구부러지거나 양쪽 발로
번갈아 계단을 딛거나 점프를 해야 한다. 이 과정을 생략하고 계단을
오르내리는 장면을 촬영해 보자.

2 친구들과 함께 계단 위에 서서 각자 마음에 드는 자세를 취하고
촬영한다.

3 각자 자기가 정한 방향으로 계단을 올라가거나 내려가서 같은 자세를
취하고 사진을 찍는다.

4 정한 방향으로 계속 움직이며 같은 자세로 사진을 찍는다. 최소 10컷
이상 찍는다.

tip 6장을 참고하여 애니메이션 영상으로 편집해 보자. 스마트폰을 사용했다면 스톱
모션 앱으로 촬영과 편집을 한 번에 해결할 수 있어.

〈이웃Neighbours〉(1952, 노먼 매클래런)

〈이웃〉은 대표적인 픽실레이션 작품이야. 사실 픽실레이션 자체가 노먼 매클래런이 개발한 기법이지. 〈이웃〉은 사이좋았던 두 이웃이 한 송이 꽃을 둘러싸고 다투기 시작해서 돌이킬 수 없는 파국을 맞게 되는 이야기야. 두 주인공은 과장된 동작으로 날아다니거나 이동하면서 서로를 파괴해. 실사 영상과 애니메이션적인 동작, 만화적인 연출이 결합해 멋진 풍자 작품이 완성되었지. 캐나다 국립영화위원회 홈페이지(http://www.nfb.ca)에서 노먼 매클래런의 〈이웃〉과 다른 작품들을 감상할 수 있어.

〈엄지 소년 톰의 비밀 모험The Secret Adventures of Tom Thumb〉(1993, 데이브 보스윅)

이 작품은 주인공은 클레이로, 주변의 다양한 생명체는 오브제로, 부모를 비롯한 다른 인간들은 픽실레이션으로 만들어진 복합 스톱 모션 애니메이션이야. 엄지 소년 톰은 가난하지만 부모의 사랑을 받으며 행복하게 살아가지. 그런데 어느 날 검은 양복 남자들에게 납치되어 기형 인간들을 연구하는 연구실에 끌려가. 연구실에서 톰은 다양한 기형 인간과 괴물을 만나 우정을 쌓아 가다 탈출하게 되는데…….

4

평면 스톱 모션
애니메이션을 만들어 보자

신나는 여름 캠프! 여기는 서울역!

댕뿡창, 안덥냐?

굴 군, 등에 메고 있는 건 뭐야?

사실 내가 우쿨렐레를 좀…….

캠프에 음악은 필수죠.

저 상자는 뭐야?

바비큐 그릴!

바닷가, 바비큐, 모닥불, 음악, 폭죽놀이

이런 것이 굴 군이 상상하는 여름 캠프

굴 군, 미안하지만 쓸모없는 것만 가져왔네.

우리 애니 캠프는 그런 거 필요 없어.

뭐라?

108

애니메이션 촬영에
필요한 기본 장비

굴군   아이고, 어깨 빠질 뻔했네. 애니메이션 만드는 데 이런 장비들
이 꼭 필요해요?

팽부장   굴 군, 지금까지 애니메이션을 만들어 보면서 부족하다고 느
낀 점 없었니?

굴군   캐릭터가 등장하고 배경도 있는 제대로 된 애니메이션을 만
들고 싶다는 생각은 드는데…….

팽부장   그래서 이렇게 무겁게 짐을 지고 온 거 아니겠니? 조금만 신
경 써서 준비하면 훨씬 더 전문가 같은 애니메이션 영상을 만
들 수 있어. 어떤 애니메이션을 촬영할지에 따라 세팅이 조금
씩 달라지지만 일단은 애니메이터에게 필요한 기본 장비를
살펴볼까?

촬영 장비

애니메이션은 컴퓨터로 만드는 디지털 애니메이션을 제외하면 대부분 스톱 모션 기법으로 만들어져. 그래서 사진을 찍을 수 있는 장비가 필요해.

●디지털 카메라와 디에스엘알(DSLR, 렌즈 교환식 카메라)

디지털 카메라는 카메라 본체와 렌즈가 한 몸이면서 수동 카메라의 기능을 디지털로 재현한 카메라야. 우리 같은 학생들이 애니메이션을 촬영할 때 적합한 카메라지. 디에스엘알은 고화질 센서가 있어 고해상도 사진을 얻을 수 있고 다양한 렌즈로 교체할 수 있어. 전문 작가들은 디에스엘알을 선호하지만 너무 비싸서 학생들한테는 부담스러울 수 있어. 비싼 카메라를 써야 좋은 애니메이션이 나오는 것은 아니니까 카메라에 욕심 낼 필요는 없어. 메모리는 넉넉할수록 좋고 지속적으로 전원을 공급해 주는 어댑터 장치와 데이터를 내려받을 수 있는 케이블이나 메모리 리더기도 함께 준비하는 게 좋아.

●스마트폰 카메라

스마트폰으로도 간단한 애니메이션 영상 정도는 얼마든지 촬영할 수 있어. 스마트폰에는 스톱 모션 앱이나 타임 랩스 앱, 심지어 간단한 드로잉 애니메이션을 지원하는 앱도 있어 오히려 더 편하기도 해. 요즘에는 스마트폰 카메라 해상도가 일반 디지털 카메라보다

더 좋은 경우도 있어서 받침대만 있으면 상당히 괜찮은 작품을 제작할 수도 있어. 실제로 스마트폰으로 영화를 제작하는 감독도 있어. 아이패드처럼 카메라가 달려 있는 태블릿 기기도 촬영과 편집을 할 수 있는 올인원 제품이라서 유용해.

●디지털 캠코더

최근에는 디지털 카메라가 더 많이 쓰이지만 디지털 캠코더의 인터벌 기능을 활용해서 애니메이션 촬영을 할 수도 있어. 디지털 캠코더는 무엇보다 화질이 좋고, 동영상과 자연스럽게 섞어 쓸 수 있다는 장점이 있지.

카메라 고정 장치와 주변 기기

스톱 모션 애니메이션을 촬영할 때는 카메라가 흔들리지 않게 해야 해. 카메라만 확실히 고정해도 애니메이션 수준이 높아지지. 사용하는 카메라에 따라, 입체 작업인지 평면 작업인지에 따라 고정 장치를 적절하게 써야 해.

●삼각대

디지털 카메라를 고정할 때 필요한 장치야. 특히 입체 애니메이션을 촬영할 때는 반드시 준비해야 해. 저렴한 사진용 삼각대를 이용해도 되는데, 카메라

머리 부분이 자유롭게 움직이고 단단하게 고정할 수 있는 제품이 좋아. 스마트폰으로 촬영할 때에도 삼각대가 있으면 좋아. 단 스마트폰을 삼각대에 고정하려면 집게처럼 생긴 스마트폰 홀더가 필요해.

●카피 스탠드

카피 스탠드는 평면 애니메이션을 촬영할 때 카메라가 지면을 향하게 고정하는 굉장히 요긴한 장치이지. 카메라를 고정하는 마운트와 카메라의 높이를 고정하는 기둥, 그리고 스탠드로 이루어져 있어. 양쪽에 탈부착 조명 스탠드까지 달린 전문가용 카피 스탠드는 상당히 비싸지만 잘 찾아보면 저렴한 제품도 있어.

●컴퓨터

본격적인 애니메이션을 만들려면 컴퓨터는 기본 장비겠지? 초고해상도 장편 애니메이션을 제작하려면 높은 사양의 컴퓨터가 필요하지만 간단한 단편 애니메이션을 만들 때는 게임이 적당하게 돌아가는 정도만 돼도 충분해. 그리고 컴퓨터에 윈도우의 무비 메이커나 맥의 아이무비 같은 기본적인 동영상 편집 프로그램이 깔려 있으면, 애니메이션

편집을 위한 준비가 됐다고 할 수 있어. 하지만 좀 더 정교하게 편집 작업을 하려면 어도비 프리미어나 어도비 애프터 이펙트, 파이널 컷 프로 같은 프로그램이 필요해.

●조명 기구

애니메이션 역시 빛의 예술이기 때문에 조명
기구가 중요해. 하지만 일반적인 작업에서는
탁상 스탠드만으로도 충분해. 양쪽에 하나씩,
또는 사방에 네 개를 설치하기만 해도 화면
의 밝기가 매우 좋아지는 것을 느낄 수 있지.

초보 애니메이터를 위한 추가 준비물

●공구 상자

애니메이션을 만들 때는 이런저런 도구가 많이 사용되므로 가지런하
게 정리할 수 있는 공구 상자를 마련하도록 하자. 가위, 커터, 페이퍼
용 커터, 자, 찰흙 모델링 도구 등 기본적인 도구 이외에도 간단한 공
구, 전선 연결 도구 등이 있으면 도움이 돼. 투명한 플라스틱 공구 상
자를 사용하면 물건을 찾기 좀 더 쉬워.

● 붓, 아크릴 물감, 제소 및 채색 도구

아크릴 물감은 수채화 물감보다 더 다양하게 쓰여. 표면이 미끄러운 소품에도 제소로 밑칠을 하면 그 위에 아크릴 물감으로 정교하게 칠할 수 있거든. 에나멜이나 패브릭 물감 등 애니메이션에 활용할 수 있는 물감은 다양해.

● 여러 재질의 종이들

애니메이션 작업을 할 때는 골판지, 색상지, 색종이, 두꺼운 종이는 물론이고, 헌 잡지부터 라면 상자까지 요긴하게 쓰여. 평소에 화방에 가면 다양한 종이를 만져 보며 각각의 질감을 머릿속에 입력해 놓도록 하자.

● 부직포를 비롯한 다양한 천

화방에서 파는 부직포는 일반 천보다 저렴하면서도 두툼하고 견고해서 캐릭터 인형과 의상을 만들거나 애니메이션 배경으로 쓰기에 좋아. 대형 문구점에서 3마 정도 끊으면(대형 문구점의 부직포들은 돌돌 말려 있는 경우가 많아서 '마' 단위로 끊어 달라고 해야 해. 1마는 90cm야.) 벽에 걸 대형 배경 스크린을 만들 수 있지.

독특한 재질의 배경이 필요하다면 동대문 종합 상가나 가까운 퀼트 가게에서 마음에 드는 천을 구입하면 돼. 물론 간단하게는 흰색 전지로 배경을 만들어도 되지. 전지는 잘 찢어지니까 뒷면에 포장용 테이프를 붙여 놓는 게 좋아.

● 포장용 테이프와 마스킹 테이프

애니메이터에게 테이프는 요긴한 물건이야. 작품의 배경을 만들 때, 전선을 정리할 때, 촬영할 사물을 고정할 때 등 두루 사용되지. 접착력이 좋으면서도 쉽게 떼어 낼 수 있는 마스킹 테이프 종류를 준비해 두자. 신축성이 있고 끈적거림이 남지 않는 MT 마스킹 테이프가 쓰기 좋아.

● 껌딱

껌딱은 껌처럼 조물조물 만져서 간단히 사물을 붙였다가 뗄 수 있는 접착 도구야. 프라모델을 만들 때나 액자를 임시로 고정할 때 많이 사용해. 일명 '팁껌', '액자껌'이라고도 하고, 제품명인 블루택Blutak이나 파타픽스Patafix라고도 불러. 몇 번을 뗐다 붙여도 접착력을 유지하기 때문에 애니메이션 작업을 할 때에도 매우 유용하게 쓰여. 대형 화방이나 인터넷 미술용품점에서 살 수 있어.

● 공작용 눈

평범한 사물로 캐릭터를 만들 때 유용한 재료야. 문구점에서 구입할 수 있으니 크기별로 준비해 놓자.

● 라이트 박스

라이트 박스는 작업대 밑에 조명이 설치되어 있어서 두 장의 종이를 놓았을 때 아래 있는 그림이 비쳐. 그래서 페이퍼 애니메이션을 만들 때 상당히 유용해. 그 외에도 모래 애니메이션이나 간단한 2D 오브제 애니메이션을 만들 때도 백 라이트 역할을 해 주어 유용하게 사용할 수 있어.

● 폴리모프
철사로 스톱 모션 캐릭터 인형을 만들 때 필요한 재료야. 평소엔 플라스틱처럼 단단하지만 60도 이상이 되면 찰흙처럼 물렁해지는 성질이 있어. 인터넷으로 구매할 수 있어.

● 글리세린
페인트 온 글라스 애니메이션을 만들 때 필요한 재료야. 물감에 섞으면 부드럽게 유리에 발리고 물감이 굳는 것을 지연시키는 효과가 있어. 약국에서 손쉽게 구할 수 있고 화장품 재료상에서도 판매해.

● 실과 바늘
실과 바늘은 구비해 두면 은근히 요긴하게 쓰여. 애니메이션 배경을 만들 때 간단한 바느질이 필요하기도 하고, 컷 아웃 캐릭터의 관절을 연결할 때 쓰기도 하지.

● 그 밖의 다양한 미술, 공예 재료들
찰흙, 색모래, 폼폼볼, 공예 철사, 모루, 색색의 단추나 구슬 등 다양한 재료들을 잘 정리해 두자. 너만의 애니메이션을 만들 때 소중한 재료가 될 거야.

저렴하게 카피 스탠드 만드는 방법

학교나 집에 있는 딱딱한 스툴이나
의자를 책상 위에 올려놓고 삼각대
를 동여매면 저렴하게 카피 스탠드
를 만들 수 있습니다. 높이 조절은

안 되지만 의자는 어디에나 있으니 그림자가 지지 않게 조심한다면 급
할 때 쓸 수 있는 방법이지요. 나아가 반 조립 형태로 나오는 이케아의
저렴한 스툴 제품을 C클램프로 재조합하여 카피 스탠드를 만드는 방법
도 있습니다. 그런데 클램프를 적절하게 이용하면 몇만 원으로도 기존
제품에 못지않은 나만의 이동용 카피 스탠드를 만들 수 있답니다.

준비물: 작업대용 나무 상판, 조명 관절용 나무 6개 이상, 책상다리, 나무 티슈
박스, 소형 C클램프 5개 이상, 집게 형태의 소형 조명 2개, 톱, 단단한 끈

작업대용 나무 상판 크기: 400mm×600mm 이상

조명 관절용 나무 크기:

50mm×200mm×20mm

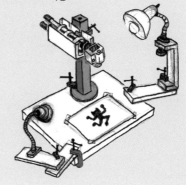

1 작업대용 나무 상판(빛 반사가 적은 무광 검은색이 좋아요.)에 책상다리를 거꾸로 뒤집어 C클램프로 단단히 고정합니다. C클램프는 인터넷 철물점에서 구매할 수 있으며 책상다리와 나무 상판은 버려진 책상을 분

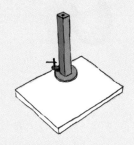

해하여 사용합니다.(또는 재활용 센터에서 저렴하게 구매할 수도 있지요.) 굳이 클램프를 사용하는 이유는 분리와 이동이 편하기 때문입니다. 별도의 작업 공간이 있다면 나사나 못을 이용해서 고정형 촬영대를 만들어도 되겠지만 방이나 학교에서 일시적으로 촬영을 해야 한다면 촬영이 끝난 후 해체하여 보관할 수 있는 분리형 카피 스탠드가 더 유용하지요.

2 나무 티슈 박스로 카메라 삼각대 거치대를 만듭니다. 삼각대가 걸쳐질 수 있게 나무 티슈 박스 앞면과 뒷면에는 큰 홈을 내고, 옆면에는 클램프를 물릴 얇은 두 개의 홈을 냅니다. 티슈 박스에 카메라 삼각대를 넣고 끈으로 단단히 묶은 다음 기둥(책상다리) 위쪽에 클램프로 고정하면 아주 실용적인 삼각대 거치대가 만들어집니다. 클램프로 고정하면 카메라의 높이를 조절할 수 있어 실용적입니다.

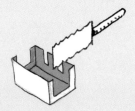

3 작업대에 조명이 붙어 있으면 애니메이션 을 촬영하는 동안 고정된 위치를 유지할 수 있어 좋습니다. 나무 조각 몇 개를 C클램프 로 이어 붙이면 촬영 대상과의 거리를 조절할 수 있는 조명 스탠드를 만들 수 있습니다. 조 명이 멀어지면 빛의 양은 줄어드는 대신 그림  자는 부드러워지지요. 조명 관절은 튼튼하고 저렴한 가공목재(MDF)를 잘라 만듭니다. DIY 인터넷 철물점에서 원하는 크기의 나무 조각을 소 량으로 주문할 수 있지요. '각목'이나 목조 주택의 뼈대를 만들 때 사용 하는 '구조목'을 소량 주문해서 톱으로 잘라 사용하는 방법도 있고 L자 경첩을 이용하면 90도 꺾인 조명 관절을 만들 수 있어요. 여기서는 클 램프로 고정했지만 드릴이 있다면 나사나 볼트와 너트를 이용해도 상 관없지요.

드로잉
애니메이션

팽부장 아침 먹고 땡, 점심 먹고 땡, 창문을 열어 보니 비가 오네요. 지렁이 세 마리가 기어가네요. 아이고, 무서워라 해골바가지.

귤군 하하, 이 노래 기억나요. 노래를 따라 그리다 보면 쉽게 해골 그림이 그려지는 게 신기했어요.

고선배 사실 그림이란 어느 정도는 공식에 가깝습니다. 사람들은 본 걸 기억해서 그림을 그린다고 생각하지만 그리는 패턴을 외워서 그리는 경우가 대부분이지요. 특히 만화 같은 경우는 더더욱 그렇습니다.

귤군 나처럼 그림에 서툰 사람에게는 희망적인 소리네요.

팽부장 귤 군, 우리 해골바가지 그림을 이용해서 간단한 애니메이션을 만들어 보자. 스마트폰으로 각각의 컷을 촬영해서 GIF 애니메이션을 만드는 거야.(찰칵, 찰칵, 찰칵, 찰칵.)

귤군 와, 그림이 저절로 그려지는 것처럼 보여요.

고선배 이렇게 손으로 그려서 만드는 애니메이션을 드로잉 애니메이

아침 먹고 땡   점심 먹고 땡   창문을 열어 보니   지렁이 세 마리가   아이고, 무서워라
비가 오네요   기어가네요   해골바가지

션Drawing Animation이라고 합니다. 최초의 드로잉 애니메이션은 칠판에서 시작됐어요. 전에 만났던 블랙턴 씨가 만든 〈익살스러운 얼굴의 재미있는 양상Humorous Phases of Funny Faces〉(1906)이지요. 이 작품은 보통 최초의 만화 영화라고 이야기되지요. 블랙턴 씨의 드로잉 애니메이션을 한번 볼까요?

처음에는 사람 손이 나와서 칠판 위에 분필로 그림을 그립니다. 그러다가 손이 사라지고 그림이 저절로 그려지지요. 여기까지는 평범한 그림 그리기 쇼예요. 그다음 장면에서 남자가 담배 연기를 내뿜자 여자의 표정이 변해요. 화면이 담배 연기로 뒤덮이고 그림은 사라지게 되지요. 이전에는 조금씩 그려 가면서 촬영했는데, 이번엔 그려진 그림을 지운 다음에 표정을 바꾸어 그린 것을 알 수 있습니다.

굴군   칠판을 사용한 건 신의 한 수였네요. 칠판지우개로 손쉽게 그림을 지울 수 있으니까 작은 표정 변화까지 나타낼 수 있게 되었잖아요.

팽부장 칠판뿐만 아니라 손쉽게 그림을 그렸다가 지울 수 있는 다양한 재료로 확장할 수도 있어. 이를테면 운동장에 주전자로 크게 그림을 그리면서 4층에서 사진을 찍는다든가?

굴군 헉! 카메라에 잡히지 않으려면 엄청 열심히 뛰어다녀야겠는데요!

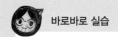
칠판 드로잉 애니메이션 만들기

교실 칠판은 너무 흔해서 큰 감흥이 없겠지만 막상 학교 밖에서 이렇게 넓은 칠판을
구하려고 하면 쉽지가 않아. 학교 칠판은 말하자면 최고의 애니메이션용 화판인 거지.
게다가 칠판지우개로 조금씩 지울 수 있으니까 간단한 움직임을 표현할 수도 있어.
물론 화이트보드에 그려도 좋아.

준비물

카메라, 삼각대, 칠판, 분필(색분필)

방법

1 칠판이 프레임에 들어오도록 삼각대를 설치하자.

2 촬영 담당을 정한다.

3 그림을 조금씩 그리거나 지우개로 지우고 조금씩 수정하면서
촬영하자. 한꺼번에 그림을 많이 바꾸기보다는 조금씩 바꿀수록 그림이
더 자연스러워진다.

4 그림 그리는 사람이 화면에 잡히지 않도록 주의한다. 또한 잘못
찍히거나 흐리게 찍힐 것을 대비해서 두 장씩 찍어 놓는다.

5 촬영을 마친 다음 윈도우 무비 메이커에서 편집해 보자.

tip 마지막 장에 나오는 윈도우 무비 메이커로 애니메이션 편집하는 방법을
참고해 봐!

<캐릭터 그리기>

캐릭터를 그려 보자. 얼굴을 다 그렸으면 표정을 바꿔 보자. 예를 들어
고양이 캐릭터를 그려 볼까? 동그랗게 뜬 눈을 지우개로 지우면서 눈이
점점 감기는 모습을 만들어 보자. 고양이가 입을 크게 벌리고 하품하는
표정으로 바꾸어 보자.

<칠판 애니메이션 영상 카드>

먼저 어떤 내용의 카드를
만들지 디자인한다. 검은 종이에
크레파스로 밑그림을 그려 보자.
멋진 글씨 또는 그림 글씨, 장식
테두리 등을 인터넷에서 찾아보자.
구글에서 'Black Board Art'로

검색하면 다양한 칠판 아트 작품을 찾을 수 있다. 영어나 한글 폰트가
생각나지 않으면 문서 작성 프로그램에 있는 폰트를 참고해서 글씨를

써 보자. 칠판 애니메이션은 일단 시작하면 처음으로 되돌리기 어렵다.
효과를 고려하여 그림이 그려지는 순서를 계획하고 미리 스토리보드
양식에 그림 그릴 순서를 짜 본다.

⟨릴레이 칠판 애니메이션⟩

친구들과 함께 릴레이 애니메이션을 만들어 보자. 한 사람씩 나와 이전
그림에 조금씩 덧붙이거나 지우개로 지우고 고치다 보면 전혀 예상할 수
없는 공동의 이야기가 나온다. 한꺼번에 너무 많이 그리거나
앞 사람 그림을 전부 지워 버리면 그림이 뚝뚝 끊어지므로 앞 사람
그림에 변화를 주거나 덧그리는 선에서 그림을 그린다.

몰핑 기법을 이용한 애니메이션

굴군   칠판 애니메이션을 만들면서 느낀 건데, 내가 알고 있던 영화 나 애니메이션과는 조금 다른 점이 있는 것 같아요.

팽부장   뭐가?

굴군   영화에서는 동작의 움직임에 따라 컷과 컷으로 장면이 전환 되는데 칠판 애니메이션에서는 모양 변화에 따라 장면이 바 뀌어요.

팽부장   굴 군, 생각보다 예리하네. 몰핑Morphing 기법을 알아내다니.

굴군   모, 몰핑요?

고선배   칠판 애니메이션처럼 하나의 화면에서 만드는 애니메이션은 움직임보다는 모양 변화로 장면이 전환됩니다. 그걸 애니메 이션에서는 몰핑 기법이라고 합니다. 즉, 선이나 형태를 이용 해 이미지를 바꾸는 방법이 몰핑 기법이에요. 몰핑 기법은 다 른 매체와는 다른 애니메이션만의 매력과 진수를 보여 준다 고 할 수 있지요. 영화처럼 실사를 이용한 영상에서는 표현하기 어려운 일이니까요.

팽부장 사실 몰핑 기법은 초기 애니메이션 시대만 해도 작가들의 단골 기법이었어. 하지만 실사 영화랑 비슷한 장편 애니메이션이 점점 주축을 이루면서, 장면 전환은 형태 변화보다는 컷의 변화로 이루어지게 되지. 마치 영화처럼 말이야.

굴군 그럼 몰핑 기법은 완전히 사라진 거예요?

팽부장 음, 그렇지는 않아. 만화 영화에는 그런 흔적이 많이 남아 있어. 사물이나 캐릭터의 모양이 마구 변하는 건 애니메이션만의 특징이자 고유한 매력이잖아. 가령 〈톰과 제리〉나 초기 〈미키마우스〉 같은 만화 영화에서는 몰핑 기법이 웃음을 주기 위해 사용되었어. 목이나 팔이 길게 늘어난다든가 쩍 벌어진 입이 다물어지지 못하는 장면처럼 말이야.

굴군 아, 맞다. 만화 영화에 그런 장면이 많이 나와요. 좀 잔인하긴 하지만.

팽부장 그런데 만화 영화에만 몰핑 기법이 남아 있는 건 아니야. 모래 애니메이션Sand Animation이나 페인트 온 글라스 애니메이션 Paint on Glass Animation은 몰핑 기법을 이용한 대표적인 애니메이션이야.

굴군 모래 애니메이션은 나도 아는데……. 어릴 적에 모래 애니메이션 쇼를 감동적으로 봤거든요. 모래로 다양한 모양이 만들어지는 게 신기했어요.

팽부장 모래 애니메이션은 간단한 그림 그리기 쇼 같은 거야. 애니메이션 작가가 직접 손으로 그림을 만들면서 보여 주니까.

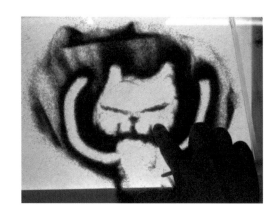

굴군   마치 밥 아저씨처럼?

팽부장   적절한 비유야. 모래 애니메이션은 마술 쇼 같은 행위 예술의
              영역에 있지만, 애니메이션 영화로 만들어지기도 하지. 아마
              광고에서 본 적이 있을 거야.

굴군   그런데 우리가 만들어 보기엔 너무 어렵지 않나요?

팽부장   굴 군, 종이나 칠판에 그림을 그리는 것과 애니메이션 사이에
              간단한 스톱 모션 원리만 있듯이 모래 애니메이션도 모래 그
              림 놀이랑 크게 다르지 않아. 어렸을 때 바닷가에서 모래로
              그림 그려 본 적 있지?

굴군   있죠.

팽부장   그 과정 중간중간을 카메라로 촬영해서 편집하면 애니메이션
              이 되는 거야.

굴군   그렇게 얘기하니까 할 수 있을 거 같기도 하고…….

팽부장   모래뿐만 아니라 다른 재료로도 그림을 그릴 수 있어. 유리창
              에 서린 김에 손가락으로 그림을 그리는 것도 비슷하지? 또

아빠의 면도 크림으로 그림을 그릴 수도 있고, 테이블에 초콜 릿 시럽이나 케첩을 쏟아 놓고 그릴 수도 있고…….

굴군　엄마한테 등짝 얻어맞기 딱 좋겠어요.

팽부장　그럼 페인트 온 글라스 애니메이션은 어때?

굴군　아, 아까 몰핑 기법을 쓰는 애니메이션이라고 했던……. 그건 어떻게 만드는 거예요?

고선배　페인트 온 글라스 애니메이션은 유리판에 유화 물감으로 그 림을 그리면서 촬영하는 애니메이션이에요. 모래 애니메이션 처럼 계속 그림을 그리고 수정하면서 움직임보다는 형태 변 화로 애니메이션이 만들어지지요. 하지만 모래 애니메이션과 는 달리 물감을 활용하니까 색깔을 쓸 수 있어 회화적인 그림 을 그릴 수 있어요.

굴군　오, 재밌겠다.

팽부장　그렇게 만만하지는 않을 거야. 페인트 온 글라스는 그림을 수 없이 그려야 하기 때문에 굉장히 어렵고 섬세한 작업이거든. 〈노인과 바다The Oldman and the Sea〉(1999)를 만든 알렉산드르 페트로프는 20분짜리 애니메이션을 위해 손가락에 물감을 묻혀서 4년 동안 거의 2만 9,000장의 그림을 그렸다고!

굴군　으아아악, 정말 대단하구나.

팽부장　장인 정신과 인내가 필요한 작업이지. 그래서 움직이는 유화 작품의 매력을 일반 셀 애니메이션이 흉내 내기는 어려워.

굴군　확실히 유화 물감으로 작업한 거라 보통 애니메이션하고는 다른 느낌이에요. 보통 애니메이션은 표면이 매끈한데 이건 붓 자국이 있어서 진짜 유화 같기도 하고.

팽부장 우리가 알고 있는 장편 애니메이션은 여러 사람이 함께 작업
해야 하기 때문에 사람 손의 흔적이 없어야 해. 하지만 개인
적인 애니메이션 작업을 할 때는 작가의 개성을 맘껏 펼쳐 보
일 수 있어. 모래 애니메이션이나 페인트 온 글라스 애니메이
션은 작가의 손맛이 매력인 분야지.

고선배 사람의 손끝에서 샘솟는 이미지들은 정말 마술처럼 신기하고
멋지죠. 그래서 모래 애니메이션은 동영상을 촬영하거나 만
드는 과정을 직접 보여 주기도 한답니다. 귤 군이 어린 시절
보았던 모래 애니메이션 쇼처럼요. 유명한 모래 애니메이션
작가인 페렝 카코의 애니메이션을 찾아보세요. 작가의 손이
등장하는 것을 볼 수 있습니다.

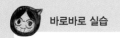
모래 애니메이션 만들기

유튜브에서 'Sand Animation'을 찾아보고 다양한 모래 그림을 연습해 보면 도움이 될 거야. 모래 애니메이션은 사람이 직접 그림을 그리고, 그림이 다양한 모양으로 변화하는 것만으로도 충분히 재미있기 때문에 한 컷 한 컷 찍지 않고 손이 보이는 채로 동영상으로 촬영해도 좋아.

준비물

모래(가급적 문구점에서 파는 모래를 사용한다.), 플라스틱 자, 끝이 둥근 막대기나 칫솔 등(모래에 그림을 그릴 때 사용하는 도구), 크기가 다른 붓 몇 자루, 라이트 박스, 카피 스탠드

tip DIY 라이트 박스 만들기

모래 애니메이션을 만들려면 라이트 박스가 필요해. 그런데 사정이 여의치 않다면 직접 만들 수도 있어. 가장 쉽게 라이트 박스를 만드는 방법은 투명 아크릴판 밑에 핸드폰 조명을 켜고 반투명한 종이를 올려놓는 거야. 아래에서 비추는 빛 때문에 종이가 비쳐 어니언스킨(밑에 그려진 그림이 위 종이에 비치는 효과) 효과를 낼 수 있지.

전문가용 라이트 박스

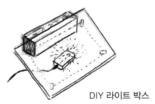

DIY 라이트 박스

방법

1 촬영 전에 모래를 가지고 자연스럽게 그림을 그리는 연습을 해 본다.
손가락으로 모래 위에 작은 동그라미, 소용돌이, 곡선, 직선, 격자무늬
등 다양한 그림을 그려 보자. 손가락으로 표면에 자국을 내거나 모래를
뿌려서 그림을 지워 보자.

2 라이트 박스 위에 모래를 깔고, 플라스틱 자를
이용해서 모래를 얇게 편다.

3 손가락을 비롯해서 막대기, 찰흙 칼, 면봉 등
다양한 도구를 이용해서 그림을 그린다.

4 중간중간 과정을 촬영한다.

5 사진을 컴퓨터에 저장해서 동영상으로 만든다. 그림이 저절로
그려지는 것처럼 보인다.

〈꽃이 변해서 아이 얼굴로〉

모래 애니메이션의 매력은 하나의 그림이 자연스럽게 다른 형상으로
변할 수 있다는 거야. 모래를 만져 모양을 바꾸는 연습을 해 보자.

- 동그라미를 물방울 모양으로 만들어 보자.
- 물방울을 동심원 모양으로 둘러싸면서 꽃 모양으로 만든다.
- 꽃 가운데에 동그란 수술 모양을 만든다.
- 꽃의 수술 주변을 확장해서 아이의 얼굴을 만든다.
- 꽃 주변의 모래를 만져서 아이의 머리카락을 만들어 보자.
- 아이의 머리카락 모양을 다듬어 바람 부는 배경을 만들어 보자.

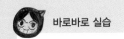
페인트 온 글라스 애니메이션 만들기

페인트 온 글라스 기법으로 작업하는 작가들은 물감을 젖은 상태로 유지하기 위해 유화 물감을 주로 사용해서 그림을 조금씩 더 그리거나 고치면서 과정을 촬영해. 하지만 유화 물감은 손에 묻으면 잘 지워지지 않기 때문에 초보자들은 포스터컬러나 수채화 물감, 또는 구아슈 물감에 글리세린이나 액체 세제를 섞어 사용하는 게 좋아.

준비물

아크릴판(또는 유리판), 수용성 물감(수채화 물감, 포스터컬러, 구아슈), 액체 세제(또는 글리세린), 크기가 다른 붓 몇 자루와 면봉, 카피 스탠드

방법

1 수용성 물감에 액체 세제를 섞어 농도를 조절하자. 아크릴판에 발라 보면서 원하는 농도를 찾는다.

2 투명한 아크릴판 위에 물감을 바른 뒤 30센티미터 자로 넓게 편다.

3 손가락으로 그림을 그리고 면봉과 붓으로 세부를 수정한다.

4 유화나 불투명 수채화를 그리듯이 물감으로 조금씩 그려 가면서 중간중간 촬영한다.

〈점점 자라나는 나무〉

• 나무가 점점 자라나는 모습을 표현한다. 손가락으로 조금씩 나무의 가장자리를 넓히면서 성장을 표현한다.

• 주변에 풀과 꽃 등 그림을 그려 본다.

• 화면을 전체적으로 손으로 만져 가면서 그리면 완성된 화면에서 일렁이는 느낌이 난다.

〈바다와 파도〉

• 유리판 위에 넓은 바다 풍경을 그려 보자.

• 손가락으로 하늘과 바다 부분을 조금씩 만지면서 모양을 바꾼다.

• 붓으로 색깔을 조금씩 덧칠해서 파도의 일렁이는 모양을 표현한다.

• 면봉을 사용하여 세밀하게 수정한다.

종이에 그리는
애니메이션

굴군   모래나 유리판에 그림을 그려 애니메이션을 만드는 것도 재미있기는 한데 종이에 그리면 더 쉽지 않을까요?

팽부장   굴 군, 처음에 왜 칠판에 그림을 그렸는지 기억나?

굴군   칠판은 그림을 지우면서 새로 그려 갈 수 있으니까요.

팽부장   맞아. 그런데 그 그림을 종이에 그린다고 생각해 봐. 조금씩 변화를 줄 때마다 다른 종이에 새로 그려야 해. 조금 수정할 건데 일일이 다 다시 그리려면 엄청난 일이야.

굴군   아, 그 생각을 못 했어요. 종이에 그림을 그려서 애니메이션을 만드는 건 절대 쉬운 일이 아니네요.

팽부장   하지만 누군가는 그 어려운 일을 해내지. 최초의 만화 영화가 어떻게 만들어졌을까? 종이에 그린 그림이나 만화 캐릭터들을 움직이게 하고 싶다는 열정 덕분에 만화 영화가 탄생하게 됐어.

굴군   아, 전에 말했던 신문 만화로 만든 애니메이션 말하는 거죠?

팽부장   맞아, 이번에는 매케이 씨한테 이
야기를 들어 보자.

매케이   (펑!) 안녕, 난 윈저 매케이란다. 내
가 최초로 만화 캐릭터를 살아 움
직이게 했지.

팽부장   매케이 씨, 만화 영화를 만들게 된
이야기 좀 해 주세요.

매케이   후후, 그럼 1911년에 나온 〈리틀 니모Little Nemo〉에 대해 이야
기해야지. 〈리틀 니모〉는 신문 만화로 만든 최초의 만화 영화
란다. 오늘날 만화 영화의 조상이라고나 할까. 사실 나는 애
니메이션 역사뿐만 아니라 만화 역사에서도 굉장히 유명한
사람이야. 내가 1905년부터 1911년까지 해럴드지에 연재한
〈잠의 나라의 리틀 니모〉라는 만화는 걸작 중 걸작이지. 니모
라는 아이가 잠을 자는 동안 꿈속 나라를 여행하는 내용인데,
내용도 그렇지만 그림이 굉장히 예술적이란다. 내 작품이어
서 하는 말이 아니야.

팽부장 　매케이 씨 말처럼 〈잠의 나라의 리틀 니모〉는 만화사 초기의
　　　　명작이야. 매케이 씨는 기존의 만화 형식을 벗어나서 당시에
　　　　유행하던 아르누보 스타일로 꿈속 세상을 보여 주었지. 이 만
　　　　화는 지금 봐도 무척 신기하고 우아해. 저 침대 다리의 선을
　　　　좀 봐.

매케이 　나는 니모의 꿈속 세계처럼, 내 만화 캐릭터들이 살아 움직이
　　　　기를 바랐어. 그래서 움직이는 만화를 만들기 위해 수천 장의
　　　　그림을 그리기로 했단다. 사람들은 비웃었지만, 나는 작업실
　　　　로 어마어마한 양의 종이를 배달시켰어. 아이디어는 간단했
　　　　지. 그림을 그리고 촬영하고, 먼저 그린 그림에 새 종이를 대
　　　　고 약간의 변화를 주어 다시 그리는 거야. 자, 이렇게 하면 움
　　　　직이지?

굴군 　　플립 북의 원리군요!

매케이 　맞아. 나는 플립 북을 한 장 한 장 촬영해서 영화로 만드는 아
　　　　이디어를 낸 거야. 너희는 비웃을지 모르겠다. 하지만 당시에

와!

는 그림을 수천 장 그려서 촬영한 다음 애니메이션으로 만든
다는 것은 쉽게 하기 힘든 새로운 기술이었단다. 그래서 나는
수천 장의 종이를 들고 씨름하는 제작 과정을 내 영화에 꼭
넣었단다. 사람들은 제작 과정을 보고 새로운 기술에 깜짝 놀
랐어.

굴군   정말 저 많은 종이에 그림을 다 그린 건가요?

팽부장   굴 군, 1초당 24장의 그림을 그려야 한다고 치면, 1분짜리 영
화를 만들려면 몇 장이나 그려야 할까?

굴군   24×60…… 1,440장!

매케이   어마어마하지? 그래서 긴 영화를 만들긴 어려웠어.

굴군   그래서 배경이 없는 거예요?

매케이   배경? 일일이 배경을 그려 넣는 건 불가능해. 적어도 내가 살
던 시대에는 말이야. 그린다 해도 매번 배경을 새로 그리려
면 조금씩 달라질 수밖에 없고. 그래도 〈공룡 거티Gertie the
Dinosaur〉(1914)에는 간단한 배경을 그려 넣었지. 〈공룡 거티〉

는 내가 그린 공룡이 나와서 재롱을 부리고 내가 주는 사과도
먹는 내용이란다. 그런데 배경이 없어서 내 작품이 마음에 안
드니?

굴군   음, 그런 건 아니에요. 다만 제가 알고 있는 애니메이션이랑
비슷하면서도 다르다는 생각이 들어요. 캐릭터가 스토리를
따라 움직이는 걸 보면 애니메이션인데, 손으로 그린 느낌이
많이 나고 채색은 수채화 같기도 해요.

매케이   그건 종이에 그려서 그럴 거야. 사실 우리 때도 간단한 셀 애
니메이션 기법이 개발되어 있었어. 하지만 나는 좀 더 예술적
인 느낌을 살리려고 종이에 그림을 그려 애니메이션을 만드
는 방법을 선택했단다. 그럼 난 이만 바빠서……(펑!)

고선배 　매케이 씨처럼 종이에 그림을 그려 만든 애니메이션을 드로 잉 온 페이퍼 애니메이션Drawing on Paper Animation이라고 합니다. 간단하게 페이퍼 애니메이션이라고도 하지요. 페이퍼 애니 메이션은 수묵, 목탄, 수채 물감, 크레파스를 비롯해 어떤 재 료든 느낌을 살릴 수 있답니다. 그래서 순수 회화적 기법이나 재료로 예술적인 느낌을 내려는 작가들, 회화 작품에 움직임 을 담으려는 작가들이 많이 사용하는 방법이지요.

굴군 　그럼 그림을 어떻게 그리느냐에 따라 애니메이션 분위기가 많이 달라지겠네요.

팽부장 　다양한 재료의 매력을 그대로 살릴 수 있다는 게 페이퍼 애니 메이션의 매력 아니겠어? 우리도 한번 만들어 봐야지?

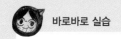
페이퍼 애니메이션 만들기

페이퍼 애니메이션은 커다란 플립 북 만들기라고 생각하면 돼. 그림을 그리고
그 위에 종이를 덮어 약간의 변화를 주어 그리는 거지. 여기서는 아주 간단한 페이퍼
애니메이션을 만들어 볼 거야. 애니메이션 용지를 보면 그리고 싶은 이야기가
샘솟겠지만 흐름이 긴 이야기는 인력과 시간이 무척 많이 필요해. 여기에서는 간단한
드로잉과 채색으로 '움직이는 그림'을 만들어 본다는 데 의미를 두자.

준비물

페그 바(타프), 애니메이션 용지, 그림 재료(연필, 크레파스, 사인펜, 물감 등), 스토리보드
양식, 테이프, 종이, 지우개, 자, 라이트 박스

tip 페그 바와 애니메이션 용지

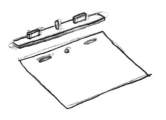

페그 바는 종이를 고정하는 도구야. 여기에
종이를 여러 장 끼워 작업하면, 스캔을 하거나
사진을 찍을 때 화면이 흔들리지 않도록
고정할 수 있지. 안정적인 애니메이션 작업을
위해서는 꼭 필요한 도구야. 페그 바가 없다면 문구점에서 파는 파인에 종이를
끼우면 돼. 애니메이션 용지는 페그 바에 끼울 수 있는 구멍이 있는 종이야. 용지에
따라 그림을 그릴 테두리가 그려져 있기도 해. 그렇지 않다면 작업할 때 스캔하게
될 네 귀퉁이를 연필로 표시하는 게 좋아. 페그 바나 애니메이션 용지는 대형
화방이나 인터넷 쇼핑몰에서 구입할 수 있어.

〈자라나는 덩굴〉

1 페그 바에 애니메이션 용지를 끼우고 크레파스나 색연필을 이용해서
조금씩 자라는 덩굴을 그려 보자.

2 종이를 한 장씩 덮어 가면서 24장가량을 그린다. 라이트 박스가
있으면 아래에 그린 그림을 베껴 그리기 훨씬 쉬워진다. 그림을 그릴 때
애니메이션 용지 윗부분에 번호를 쓰는 게 좋다. 번호를 쓰지 않으면
나중에 종이가 섞였을 때 골치 아파진다.

3 그림이 완성되었으면 플립 북처럼 종이를 넘겨 보자. 저절로 자라나는
덩굴을 볼 수 있다.

4 스캐너로 한 장 한 장 스캔하고, 컴퓨터 편집 프로그램에서 동영상
파일로 만들어 보자.

〈표정이 바뀌는 사람〉

1 연필을 사용하여 간단한 얼굴을 그려 보자.

2 30~40프레임에 걸쳐서 무표정으로 있다가 살짝 미소를 짓고 눈을 찡긋하며 활짝 웃는 얼굴을 그려 보자. 먼저 대략적으로 표정 변화를 정해 놓고, 점차적으로 표정이 바뀌도록 한다. 간단히 물감으로 채색해도 좋다.

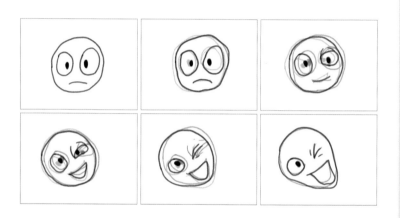

tip 태블릿을 이용한 페이퍼 애니메이션

태블릿을 이용해서 페이퍼 애니메이션의 느낌을 낼 수도 있어. 저렴하면서 간단한 애니메이션 기능이 있는 '클립스튜디오' 같은 프로그램을 이용하면 돼. 어니언 스킨 기능이 있는 그래픽 프로그램이라면 어떤 거라도 좋아. 어니언 스킨 기능이 있으면 앞 그림을 보면서 한 컷 한 컷 그려 나갈 수 있어. 어도비사의 포토샵이 있다면 레이어의 투명도를 조절하여 어니언 스킨 기능처럼 활용할 수도 있지.

움직임의
기술

굴군 직접 그림을 그려 보니 재미있긴 한데 내가 그린 건 로봇이
움직이는 거 같아요. 좀 더 캐릭터가 자연스럽게 움직이려면
어떻게 해야 해요?

팽부장 사실 움직임을 애니메이션으로 만든다는 건 상당한 노력과
연습이 필요해. 초보 학교 애니메이터가 자연스러운 움직임
을 만든다는 건 쉽지 않지. 하지만 몇 가지 물리와 관련된 기
본적인 원리를 알면 훨씬 움직임이 좋아질 거야.

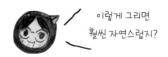

이렇게 그리면 훨씬 자연스럽지?

고선배　애니메이션에서 움직임을 자연스럽게 하려면 타이밍과 간격
　　　　이 중요합니다. 타이밍은 프레임의 양으로 조절하고, 간격은
　　　　동작의 속도를 빠르게, 혹은 느리게 조절해서 캐릭터가 움직
　　　　이는 물리적인 공간의 양을 고려하는 것이죠.
굴군　　무슨 말인지 모르겠어요. 좀 자세히 설명해 주세요.

이즈 인과 이즈 아웃

자동차가 출발해서 도착할 때까지 늘 같은 속도로 움직이나요? 아니
죠. 출발할 때랑 도착할 때는 속도가 느려집니다. 어떤 운동이라도 동
작의 시작과 마지막에는 속도가 느릴 수밖에 없지요. 애니메이션에서
도 속도를 조절해야 해요. 똑같은 속도로 처리했다가는 로봇처럼 움직
임이 어색해집니다.

　애니메이션은 컷을 늘리는 방식으로 속도를 조절할 수 있습니다. 시

계추가 움직일 때 시계추의 양 끝부분에서 컷을 더 많이 그려 넣으면, 실제로 시간이 느리게 흐르는 것처럼 보입니다. 이걸 이즈 인Ease-in과 이즈 아웃Ease-out이라고 하지요. 이즈 인은 동작의 도입부에서 속도를 느리게 하는 것, 이즈 아웃은 동작의 마무리 부분에서 속도를 느리게 하는 것을 말합니다.

스퀴즈와 스트레치

비법 하나 더! 힘을 받는 부분에서는 모양이 변한다는 물리 법칙을 이용하는 거예요. 고무공을 바닥에 던지면 어떻게 될까요? 어떤 물체든 바닥에 부딪히면서 충격을 받으면 모양이 일시적으로 변합니다. 공은 찌그러지고, 컵은 깨지고, 진흙은 형태가 무너지지요. 그러니까 공이 땅에 닿을 때는 공을 찌그러지게 그려야겠지요. 그리고 튀어 오르면서 점점 원래 모양으로 돌아옵니다.

물체가 압력을 받을 때 찌그러지는 모습을 스퀴즈Squeeze, 회복되는 모습을 스트레치Stretch라고 합니다. 실제로는 스퀴즈와 스트레치가 우리 눈에 잘 보이지 않지만, 애니메이션에서는 이런 특징들을 과장되게

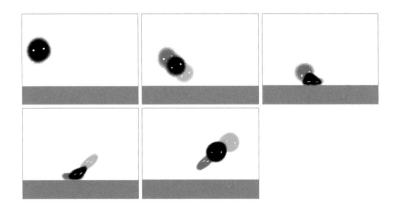

표현해 주면 생동감이 느껴지지요. 단, 모양이 변해도 부피는 변하지 않는다는 것을 주의해야 해요! 애니메이션도 자연 법칙에 대한 이해가 있어야 새로운 세계를 그럴싸하게 모방할 수 있지요. 물론 어떤 애니메이션 작가들은 단순하고 추상적인 캐릭터를 만들어 이런 물리 법칙을 무시하고 단순한 움직임을 부여하기도 합니다. 선택은 애니메이터의 몫이지요.

키 프레임과 인 비트윈

앞 장의 움직임을 보고 변화시켜서 다음 장의 움직임을 그리는 방식을 애니메이션 제작 단계에서는 '동화'라고 합니다. 그런데 좀 더 긴 작품을 만들려면 순간순간의 움직임들이 모여서 만드는 전체 사건도 중요해요. 그래서 전체적인 동작의 균형을 위해서 동작의 기준점이 필요하지요. 이 기준점을 키 프레임Key Frame이라고 합니다. 키 프레임의 동작은 미리 스토리보드에 계획해 놓는 것이 좋습니다.

| 키 프레임 | 인 비트윈으로 채워 넣기 | 키 프레임 |

그럼 그 사이의 동작은 어떻게 메울까요? 비슷한 그림을 여러 컷 넣어서 키 프레임 사이의 동작을 메우면 되겠죠? 이걸 인 비트윈In-Between이라고 합니다. 키 프레임과 키 프레임 사이를 인 비트윈으로 채워 넣으면, 한결 움직임이 자연스러워지지요. 애니메이터들은 키 프레임 사이의 동작을 거울을 보면서 결정한답니다.

키 프레임과 인 비트윈을 잘 이용하면 긴 애니메이션을 안정적으로 만들 수 있습니다. 동작도 자연스러워지고요. 장편 애니메이션을 만들 때는 키 프레임과 인 비트윈을 만드는 사람이 나누어져 있습니다. 우리도 친구들끼리 역할 분담을 잘하면 간단한 애니메이션 정도는 만들 수 있을 거예요. 요즘은 컴퓨터 프로그램에서 인 비트윈 과정이 이루어지는 경우도 많아서, 계획만 잘 세운다면 혼자 애니메이션을 만들 수도 있지요.

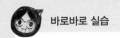

움직이는 캐릭터 그리기

준비물

페그 바, 애니메이션 용지, 그림 도구, 라이트 박스

방법

1 연필로 간단한 캐릭터를 그린다.

2 이즈 인과 이즈 아웃, 키 프레임과 인 비트윈 등을 이용해서 캐릭터가
움직이는 동작을 그려 보자.

3 수채화 물감이나 크레파스 등 다양한 재료로 간단히 색칠해 보자.
애니메이션으로 만들면 색채가 일렁거린다.

제목 〈기타맨〉

컷 아웃
애니메이션

팽부장 귤 군, 아까부터 뭘 하고 있는 거야?

귤군 그게…… 페이퍼 애니메이션을 만드는 중이에요.

팽부장 정말? 한번 보여 줘.

귤군 그런데 문제가 좀……. 풀밭에서 개구리가 뛰어가는 걸 만들려고 했는데, 매번 배경을 다시 그려야 하니까 번거롭더라고요. 그래서 꼼수를 생각해 냈는데…….

팽부장 꼼수?

귤군 개구리 그림을 따로 오려서 배경 위에 올려놓고 종이 인형처럼 조금씩 움직여서 촬영하는 거예요. 배경은 그대로 두고.

팽부장 오, 아이디어 좋은데? 그런데 개구리 그림을 일일이 다 그리

는 것도 쉽지 않을 텐데?

굴군 그래서 또 생각해 봤는데…… 다리를 움직일 수 있는 개구리 인형을 만들면 어떨까요? 초등학교 때 만들었던 움직임 인형처럼.

팽부장 굴 군을 보고 있으니 필요가 발명을 낳는다는 이야기가 맞는 것 같아. 알려 주지 않아도 이렇게 애니메이션 역사의 진보를 이루었으니.

굴군 무슨 말이에요? 내가 중요한 걸 발견한 거예요?

고선배 굴 군이 생각한 건 컷 아웃 애니메이션Cut-out Animation입니다. 컷 아웃 애니메이션의 원리는 간단해요. 배경과 캐릭터를 분리하는 거지요. 그리고 캐릭터의 관절을 나누어 자연스럽게 움직일 수 있도록 하는 거예요. 이렇게 하면 한 장 한 장 그리는 것보다 훨씬 효율적으로 여러 컷을 만들 수 있답니다.

팽부장 블랙턴 씨의 칠판 애니메이션에도 이런 장면이 나와. 칠판 애니메이션이 진행되다가 칠판에 종이를 오려 붙인 장면이 나오지. 광대가 훌라후프를 들고 있고 강아지가 재주를 넘는 장면인데, 훌라우프랑 강아지를 종이로 오린 다음 위치만 바꿔 놓고 촬영한 거야. 그림을 덧그리지 않고 강아지가 재주를 넘는 장면을 연출한 거지.

고선배 　그 장면은 세계 최초의 컷 아웃 애니메이션이었답니다. 많은 애니메이터들의 수고를 덜어 준 아이디어였지요. 제작의 효율성을 높여 주는 아이디어들은 빠르게 발전하는 법이라 독자적인 컷 아웃 애니메이션 기법은 이미 1910년대 영화에 나타납니다. 하지만 셀 애니메이션이 나오면서 컷 아웃 애니메이션은 효율 면에서 뒤처지게 되지요. 그래도 여전히 독특한 매력이 있는 것은 분명합니다.

팽부장 　귤 군, 그림자 애니메이션 본 적 있어? 그림자 애니메이션도 컷 아웃 애니메이션의 일종이야. 그림자 애니메이션은 종이를 오린 실루엣만으로 환상적이고 아름다운 이야기를 만들어 내지.

귤군 　그런데 그림자 애니메이션은 누가 처음 만들었어요?

고선배 　그림자 애니메이션이라는 장르는 독일의 애니메이션 감독인 로테 라이니거가 만들어 냈습니다. 라이니거는 원래 실사 영화 감독이었지만, 어린 시절 보았던 중국의 그림자 연극에 영향을 받아 그림자 애니메이션을 만들었다고 합니다. 1926년에 만들어진 〈아흐메드 왕자의 모험The Adventures of Prince Achmed〉은 마치 《아라비안나이트》의 삽화가 그대로 애니메이션으로 옮겨진 것 같지요. 라이니거는 이후에도 유럽의 동화로 환상적인 그림자 애니메이션을 여러 편 만들었습니다. 라이니거의 그림자 애니메이션에는 손으로 그려서 만든 애니메이션이 도저히 따라잡을 수 없는 아름다움이 있지요.

귤군 　여기에 비하면 내 개구리는 너무 초라해요.(시무룩)

와, 이게 1920년대
작품이라고요?

팽부장   그렇지 않아. 컷 아웃 애니메이션의 가장 큰 매력은 개인이
만들 수 있는 손쉬운 캐릭터 애니메이션이라는 건데! 관절이
움직이는 종이 인형을 움직이면서 한 프레임 한 프레임 촬영
하면 캐릭터가 등장하는 간단한 애니메이션을 만들 수 있잖
아. 애니메이션을 만드는 방법이 간단해질수록 이야기를 더
길게 만들 수 있고.

굴군   그럼 종이에 낙서처럼 그렸던 그림으로도 컷 아웃 캐릭터를
만들 수 있는 거예요?

팽부장   당연하지. 그래서 컷 아웃 애니메이션은 학교 애니메이터들
에게 가장 적당한 방법인 거 같아.

굴군   그런데 관절이 움직이는 캐릭터를 만드는 게 어렵지 않아요?

팽부장   우리는 학교 애니메이터라는 사실을 잊지 마. 쉽게 컷 아웃
캐릭터를 만드는 방법을 알려 줄게.

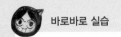
껌딱으로 컷 아웃 캐릭터 만들기

준비물

흰 종이, 두꺼운 종이, 껌딱, 연필, 지우개, 다양한 색칠 도구, 가위, 커터, 풀

방법

1 흰 종이에 그리고 싶은 캐릭터를 다양하게
그려 본 다음 재미있는 캐릭터를 골라
복사하거나 스캔한다.

이게 뭐냐!

2 똑같은 그림 두 장을 출력한 다음, 두꺼운 종이에 붙여 튼튼하게
만든다.

3 캐릭터 두 장에서 움직이게 할 관절 부분을 정하고 가위로 잘라 낸다. 한 장이 아니고 두 장으로 하는 이유는 관절이 겹치는 부분이 있기 때문이다. 예를 들어 허벅지 부분과 종아리 부분 모두 무릎 관절이 포함되어야 하기 때문에 두 장이 필요하다.

4 관절 부분을 껌딱으로 임시 고정한다. 가장 쉬운 고정 방법이다.

5 컷 아웃 캐릭터가 완성되었으면 다양한 자세를 표현해 보자. 각 관절을 움직여 어느 정도나 동작이 가능한지 보면서 캐릭터 인형을 수정할 수 있다.

할핀으로 컷 아웃 캐릭터 만들기

준비물

흰 종이, 할핀, 라이트 박스, 포장용 테이프, 색연필, 펀치

방법

1 흰 종이에 캐릭터를 그린다.

2 캐릭터를 그린 종이를 라이트 박스에 대고 빨간색과 파란색 펜으로 관절 부위를 정해 컷 아웃 캐릭터의 설계도를 만든다. 관절이 겹치는 부분이 너무 얇아서는 안 된다. 구멍을 뚫어야 하므로 구멍이 있어도 지탱할 정도의 크기여야 한다.

3 설계도를 라이트 박스 위에 놓고 다른 종이에 각 관절들이 겹쳐지지 않게 그린다. 프라모델의 각 부품들이 조립되기 전 상태처럼.

4 반전시켜 한 장 더 복사한다. 왼쪽을 바라보는 장면도 있지만 오른쪽을 바라보는 장면도 있기 때문이다.

5 관절들이 배치된 종이 뒷면에 포장용 테이프를 붙여 종이가 잘 찢어지지 않게 한 다음 관절을 오린다. 헷갈리지 않게 뒷면에 연필로 번호를 붙여 놓으면 좋다.

6 펀치로 구멍을 뚫고 관절 부위에 할핀을 단다. 할핀의 다리가 너무 튀어나오면 펜치를 이용해서 다리를 반으로 접는다.

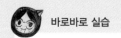
바느질로 컷 아웃 캐릭터 만들기

준비물

친구를 찍은 사진 2장, 송곳, 가위, 포장용 테이프, 셀로판테이프, 바늘과 실

방법

1 사진에서 캐릭터를 오린다. 캐릭터까지
자르지 않도록 조심한다.

2 캐릭터를 부분별로 오린 다음
각 부분들을 연결해 보자. 각각의 위치에
조각들을 배치해서 관절들을 겹쳐 보자.
캐릭터 모양이 자연스러운지, 바느질할
부분은 충분한지 점검한다.

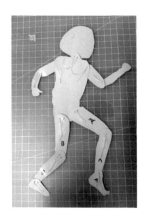

3 캐릭터의 각 관절 부위가 이어질 수 있도록 1~2mm 정도 간격으로 조심스럽게 꿰맨다. 다 꿰매고 나면 셀로판테이프를 작게 잘라 실을 잘라 낸 부분에 붙인다. 물론 테이프는 캐릭터의 뒷부분, 촬영하지 않는 쪽에 붙인다.

4 캐릭터의 머리 부분은 다른 부분과 달리 느슨하게 남겨 두거나 붙이지 않는 편이 낫다. 머리 부분이 유연하면 캐릭터의 움직임이 더욱 개성 있게 표현되기 때문이다.

컷 아웃 애니메이션을 만들 때 생각할 점

• 모든 애니메이션의 시작은 어떤 애니메이션을 만들 것인지 구상하는 거예요. 간단한 애니메이션이라도 캐릭터와 배경, 움직이는 방향 등을 구상하고, 대략의 스토리보드 형태로 남겨 놓는 게 좋습니다.

• 컷 아웃 애니메이션의 캐릭터는 내용 및 장르에 맞게 만들어야 합니다. 가령 캐릭터가 활발하게 움직여야 한다면 관절을 세밀하게 분리하는 것이 좋지요. 그러나 간단한 카툰 캐릭터를 만든다면 관절을 간단하게 나누어도 되겠죠?

• 컷 아웃 애니메이션은 미술 시간에 등장하는 다양한 종이 재료와 미술 기법들을 사용할 수 있습니다. 색종이와 화방에서 파는 각종 용지부터 직접 물감으로 색칠해서 만든 종이, 신문지와 잡지, 천에 이르기까지 모든 재료를 활용할 수 있지요.

• 배경은 캐릭터의 동선과 카메라의 이동을 고려하여 카메라 앵글보다 조금 넓은 것으로 마련하는 게 좋습니다. 도화지를 여러 장 붙이거나 두루마리 화장지 등을 활용해도 좋고요.

연출 노하우:
스토리보드와 숏 사이즈

굴군 컷 아웃 애니메이션은 페이퍼 애니메이션보다 훨씬 쉽게 여러 컷을 만들 수 있을 거 같아요. 이렇게 하면 긴 이야기도 만들 수 있겠어요.

팽부장 맞아. 그런데 긴 이야기를 표현하려면 이야기를 어떤 식으로 진행할지, 그림을 어떤 식으로 구성할지 미리 계획을 세워야 해. 그때 필요한 노하우를 알려 줄게. 고 선배, 부탁해요!

이미지보드와 스토리보드

애니메이션을 준비하려면 이미지보드와 스토리보드 작성 방법을 알아야 합니다. 이미지보드는 작품의 분위기를 집약해서 표현하는 그림이에요. 지브리나 픽사 같은 애니메이션 스튜디오에서는 작품을 제작하기 전에 최대한 많은 그림을 그려서 작품의 분위기를 가늠하고 전 스태프가 그 이미지를 공유하지요.

C.	PICTURE	NOTE	DIALOGUE	SEC
	포커스를 맞추는 듯한 화면			
			오후 4~5시경. 해가 조금씩 지고 엄마를 기다리다 잠든 소녀가 낮은 창 앞에서 잠들어 있다. 오후의 한가한 바깥 사운드.	
			손톱을 깎은 듯 책 위에 손톱깎이. 살짝 바람이 불어 책장이 넘겨지고 손톱깎이를 가린다.	
		3D 사용	창밖에서 찍은 샷. 소녀에서 창틀로 포커스가 바뀌고 뿔 달린 고양이의 그림자가 슥 올라온다.	
		3D 사용	고양이가 목을 앞으로 빼 소녀를 바라본다.	

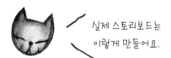

실제 스토리보드는
이렇게 만들어요.

우리도 앞서 만들었던 원숭이 캐릭터로 이미지보드를 그려 볼까요? 하얀색 원숭이를 하나 더 만들어서 검은 원숭이와 하얀 원숭이가 줄무늬 모자를 놓고 서로 가지려고 싸우는 이야기를 만든다면 아마 이런 그림이 핵심 이미지보드가 되겠지요.

핵심 이미지보드는 제작의 나침반이 되어 줍니다. 그리고 이미지보드를 책상 앞에 붙여 놓고 앞뒤로 들어갈 이미지들을 연결하면 스토리보드가 되지요.

숏 사이즈

컷 아웃 캐릭터로 간단한 움직임을 만들어 봤으면 본격적으로 좀 더 긴 컷 아웃 애니메이션을 만들 수도 있습니다. 길든 짧든 애니메이션은 짧은 영상을 이어 붙인 거니까 겁먹을 필요는 없어요. 촬영의 기본

단위로 한 번에 촬영한 영상을 숏Shot이라고 합니다. 숏 사이즈는 영상에서 쓰는 일종의 언어 같은 거예요. 영화나 애니메이션에서는 카메라의 위치나 배경, 카메라 화면에서 배경과 인물의 비율과 위치에 따라 의미와 느낌이 많이 달라집니다. 다양한 숏 사이즈를 알아볼까요?

익스트림 클로즈업 Extreme Close-Up
얼굴의 한 부분을 확대해 보여 준다.
극단적인 공포나 슬픔, 기쁨 같은 감정이나 맛이나
통증 같은 감각을 표현할 때 많이 사용한다.

클로즈업Close-Up
화면에 얼굴을 가득 채워 촬영한다.
감정을 표현할 때 많이 사용한다.

바스트 숏 Bast Shot
머리에서 가슴까지 촬영한다.

웨이스트 숏 Waist Shot
머리에서 허리까지 촬영한다.

미디엄 숏 Medium Shot
웨이스트 숏과 비슷하다. 두 사람 이상이 대화하거나
주변 분위기를 보여 줄 때 주로 활용한다.

니 숏Knee Shot

머리에서 무릎까지 촬영한다.
두 명 이상을 보여 줄 때, 바닥을 보여 주지
않을 때 좋다.

풀 숏Full Shot

머리에서 발끝까지 보여 준다.
등장인물의 행동과 배경을 한 번에
보여 줄 때 사용한다.

롱 숏Long Shot

인물과 배경을 화면에 모두 담고 있는데
인물보다는 배경을 자세히 보여 준다.
전체적인 사건의 흐름을 보여 줄 때 많이 사용한다.

익스트림 롱 숏Extreme Long Shot

롱 숏보다 더 멀리서 촬영하는 방법이다.
긴 시간의 흐름을 보여 주거나 전체적인 배경을
조망할 때 많이 사용한다.

숏 사이즈를 이해했다면 컷이 자연스럽게 연결되도록 다양하게 숏
사이즈를 조합해 보세요. 잘 만들어진 애니메이션이나 영화를 분석하
면서 공부해 보는 것도 좋습니다.

다음 두 가지 조합 가운데 어떤 것이 더 자연스럽나요?

"범인은 바로 너야."   "왜냐하면"   "냄새가 나니까!"

"범인은 바로 너야."   "왜냐하면"   "냄새가 나니까!"

정답은 없습니다. 하지만 흐름이 끊어지지 않으면서 자신이 만들려
고 하는 작품 분위기와 잘 어울리는 숏 연결을 찾아야 한다는 것을 명
심하세요.

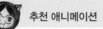

〈사계Four Seasons〉(2000, 페렝 카코)

페렝 카코는 헝가리 부다페스트
출신의 모래 애니메이션 작가야.
원래 인형, 종이, 점토 등 다양한
재료로 애니메이션을 만들었지만,
모래 애니메이션으로 명성을
얻게 되었어. 〈사계〉는 비발디의 '사계'를 배경으로 만들어졌어. 모래로
만들어진 부드럽고 마술적인 이미지들이 비발디 '사계'의 봄, 여름, 가을,
겨울 네 악장과 어울려 한 편의 영상시를 만들어 내지.

미셸 오슬로의 그림자 애니메이션

미셸 오슬로는 프랑스의 민속 공예인 종이 오리기와 로테 라이니거의
그림자 애니메이션의 영향을 받아 아름다운 그림자 애니메이션을
만들어 왔어. 1979년 작품 〈세 명의 발명가Les Trois Inventeurs〉는
종이로 오린 레이스와 컷 아웃 인형으로 만든 정교하고도 환상적인
애니메이션이지. 〈프린스 앤 프린세스Princes et Princesses〉(2000)나
〈밤의 이야기Les Contes de la Nuit〉(2011)
같은 작품은 컴퓨터로 만들었지만,
그림자 애니메이션의 종이 느낌이
그대로 살아 있어.

〈노인과 바다 The Oldman and the Sea〉(1999, 알렉산드르 페트로프)

〈노인과 바다〉는 어니스트
헤밍웨이의 소설을 각색해서
페인트 온 글라스 애니메이션으로
만든 작품이야. 페트로프는
유리판 위에 손으로 유화
물감을 이용해 그림을 그리고,
지우개로 지우거나 붓으로 덧붙여 그려 나가는 방식으로 작품을
완성했어. 〈노인과 바다〉는 빛의 반짝임이 느껴지는 아름다운 색채와
붓의 회화적인 터치감으로 마치 움직이는 인상주의 회화 같은 느낌이
나는 작품이야. 이 작품은 2000년 아카데미 단편 애니메이션 부분에서
수상하기도 했어.

페트로프는 페인트 온 글라스 애니메이션을 특히 선호하는데,
〈소 The Cow〉(1989)는 히로시마 애니메이션 페스티벌에서 대상을
수상하였고, 〈인어 The Mermaid〉(1997)는 안시 애니메이션 페스티벌에서
심사위원상을 수상하기도 했어.

5

입체 스톱 모션 애니메이션을
만들어 보자

애니부판
〈토이 스토리〉
개봉 박두!

오늘은
동심으로
돌아가는 시간!
우후~

항상 그랬던 것
같은데

각자 어렸을 때
가지고 놀던
장난감 가져와서
애니부판
〈토이 스토리〉
만들기로
했던 거
기억나지?

귤 군은
뭐 가져왔어?

전 그냥
블록을…….

턱!

상태가 아주
훌륭한데!

어제
시간이 남아
무대 세트도 한번
만들어 봤어요.

귤 군, 센스 있게
잘 골라 왔네!
기특기특~

오호!

패,
팽 부장은
뭘 가져
왔어요?

174

마리오네트는 움직이기 좋게 각 관절이
분리되어 있고 사람이 조종한다는 점에서
애니메이션 캐릭터와 비슷한 부분이 있습니다.

고 선배 같은데?
손재주가
대단하네요.

그러게,
귀여워~

저런 인형 하나
있으면 움직임
연습할 때 좋겠다.

귤 군 인형도
만들었습니다.

정말요?

몸통은 귀엽게~
마음에 드나요?

전혀…… 이왕이면
팔등신으로 해 주세요.

그럼
바비 인형
몸통으로?

선배님!

그날 밤 귤 군은
팔등신 인형이 되는
이상야릇한 꿈을
꾸었다고 한다.

입체 스톱 모션 애니메이션에 필요한 세팅

팽부장   (벌컥) 헉헉! 이 짐 좀…….

귤군   이게 다 뭐예요?

팽부장   오늘은 본격적으로 입체 스톱 모션 애니메이션을 만들어 볼 거야.(주섬주섬)

귤군   와, 뭔가 전문적인 느낌이 나는데요?

팽부장   입체 애니메이션을 만들려면 준비가 좀 필요하지. 애니메이션의 매력은 '움직임'에서 나오기 때문에, 작가가 의도하지 않은 움직임은 모두 제한할 필요가 있어. 그래서 배경을 단순하게 고정해 놔야 해.

조명 세팅

귤군   그런데 조명이 왜 이렇게 많아요?

팽부장   애니메이션을 촬영할 때에는 태양광의 영향을 받지 않도록

자체적으로 조명을 만들어야 하니까. 무대 조명과 마찬가지 이치야. 작업 테이블에 스크린을 설치하고 양옆에 조명을 설치해 보자. 하나의 조명이 필요한 장면도 있고 두세 개의 조명이 필요한 장면도 있을 수 있으니까 미리 준비해 두는 거야. 촬영하다가 다시 조명을 세팅하려면 흐름이 끊어지거든.

굴군   조명 앞에 설치한 뿌연 천은 뭐예요? 둥글 게 생긴 거.

팽부장   그건 디퓨저야. 조명 크기가 작으면 명암 대비가 뚜렷해져. 공포 장면을 연출할 때는 명암 대비가 뚜렷하면 좋겠지만 사랑 고백을 하는 장면에는 어울리지 않겠지? 이때 디퓨저가 필요해. 디퓨저는 조명의 범위를 넓혀 부드럽고 은은한 빛을 만들어 주거든. 다시 말해 광원이 큰 조명을 대신하는 거야. 우산처럼 생긴 반사판도 똑같은 역할을 하지.

나랑 사귀어 줘.

나랑 사귀어 줘.

굴군   그렇게 큰 광원이 필요하면 그냥 태양을 쓰면 되잖아요. 태양은 공짜인데.

팽부장   태양은 몇 시간 촬영하다 보면 위치가 바뀌는데? 그래도 굳이 태양 조명으로 촬영하고 싶다면 날마다 같은 시간에 촬영하면 되지.

굴군   그런데 조명에 디퓨저까지 장만하려면 비용이 너무 많이 들 거 같아요.

팽부장   좀 그렇지? 상업 영화 촬영 현장에 가 보면 정말 깜짝 놀랄걸? 한 장면을 찍기 위해 조명 전문가들이 몇십 개의 조명과 디퓨저와 반사판을 사용하고 조명의 광량도 엄청나거든. 하지만 우리 같은 학생들이 똑같이 갖춰 놓고 할 수는 없어. 대신 단순한 아이디어로 디퓨저 효과를 내는 방법이 있지. 트레이싱지를 잘라서 지지대로 고정하면 꽤 쓸 만한 디퓨저가 만들어져. 아니면 무늬가 없는 반투명 재질의 의류 커버를 조명 스탠드에 씌워도 비슷한 효과를 낼 수 있어.

촬영 대상이 크기가 작다면 좀 더 비용을 들여서 라이트 텐트를 구입해도 좋아. 라이트 텐트는 상하, 좌우, 앞뒤에 디퓨저를 설치한 것과 비슷한 효과를 내는 박스야. 실내에 조명 세팅이 여의치 않을 때 사용하면 빛을 골고루 받게 하여 상당히 부드러운 장면을 얻을 수 있어. 미니어처 촬영 박스라고도 부르는데 작은 상품을 촬영하거나 소규모 애니메이션을 촬영할 때 적당해. 비교적 싼 가격으로 부드러운 조명을 만드는 좋은 방법이지.

배경 세팅

굴군   그런데 촬영 대상이 커서 테이블이 좁은 경우에는 어떡해요?

팽부장   그때는 스크린을 벽에 붙이면 돼.

굴군   스크린은 어디서 구해요? 비싸지 않아요?

팽부장   꼭 전문가용을 쓸 필요는 없어. 화방에서 파는 아트지를 사용해도 돼. 대신 종이로 만든 스크린은 잘 찢어지니까 뒤에 포장용 테이프를 붙여 놓는 게 좋아. 조금 두께가 있는 천이나

배우를 예쁘게 만드는 삼점 조명

일반적인 영화나 텔레비전 촬영 현장에서는 삼점 조명을 많이 이용해요. 배우들이 가장 멋지고 예쁘게 나와 할리우드에서 주로 쓰다 보니 할리우드 삼점 조명이라고 불리게 됐지요.

키 라이트Key Light는 말 그대로 키Key가 되는 조명입니다. 그리고 필 라이트Fill Light는 키 라이트만 있을 경우 한쪽에 그림자가 생겨 어두워지는 것을 보완해 줘요. 보통 키 라이트의 2분의 1 정도의 광량으로 90도 꺾은 각도로 쓰는 것이 적당해요. 너무 밝으면 키 라이트와 구분이 가지 않으니까 어떤 방식으로든 광량을 줄이는 게 좋아요. 뒤에 보이는 백 라이트Back Light는 인물이나 물체의 뒤에서 빛을 비추어서 배경과의 사이에 삼차원적인 공간감을 만들어 줍니다. 또 인물이나 물체의 실루엣 끝을 살짝 빛나게 해 대상을 돋보이게 해 주지요.

백 라이트만   키 라이트만
있는 경우   있는 경우

부직포, 펠트천을 스크린으로 써도 좋고. 융통성을 발휘하면 얼마든지 다양한 재료를 찾을 수 있어.

굴군 스크린 말고 아예 세트를 만드는 건 어때요? 클레이 애니메이션 배경처럼요.

팽부장 구체적인 시나리오가 있고 배경이 정해져 있다면 세트를 만드는 것도 좋겠지. 대형 상자나 큼지막한 두꺼운 종이를 이용해 간단한 세트를 만들 수 있어.

카메라 세팅

팽부장 굴 군, 이제 카메라로 무대를 잡아 볼 거야. 그런데 그 전에 알아 둘 게 있어. 어떤 세팅이든 삼각대가 움직이지 않도록 고정시켜야 해. 모래주머니를 올려놓든지 포장용 테이프를 붙여 놓든지 움직이지 않게 안전 장치를 해 놓는 게 좋아. 계속 캐릭터를 움직이면서 바쁘게 촬영하다 보면 발로 삼각대를 건드려 카메라 위치가 미묘하게 바뀌는 일이 부지기수로 일어나거든.

굴군   네, 명심할게요.

팽부장   이제 플레이 모빌 캐릭터를 무대에 올리고 카메라로 잡아 봐.

굴군   음, 화면을 어디까지 잡아야 해요? 옆에서 찍으면 스크린 뒤에 있는 책상이랑 컴퓨터도 화면에 잡히는데?

팽부장   애니메이션 세트를 활용할 때에는 세트를 연극 무대라고 생각하는 게 좋아. 카메라 위치를 관객들 시선으로 제한하는 거지. 즉 화면에 세트 바깥이 나오지 않게 해야 해. 물론 의도적으로 화면 바깥을 보여 주는 작가들도 있지만 애니메이션 세계가 그 자체로 하나의 세계로 보이려면 기본적으로 세트 밖은 보이지 않는 게 좋겠지?

굴군   카메라 각도는요? 아래를 향하게 하는 게 좋을지, 위로 향하게 하는 게 좋을지 모르겠어요.

팽부장 일단 촬영 전에 스토리보드에 카메라에 잡힐 대상의 크기와 각도를 계획해 놓는 게 좋아. 카메라 각도는 카메라 앵글이라고 해. 숏 사이즈와 카메라 앵글을 미리 계획해 놓고 촬영하면 작업이 효율적으로 진행될 거야.

귤군 입체 애니메이션은 신경 쓸 게 많은 거 같아요. 저번에 컷 아웃 애니메이션을 만들 때는 평면이었기 때문에 카메라와 촬영 대상의 거리만 조절하면 되었는데 이번엔 거리에다 각도까지 조절해야 하고, 무대도 만들고 조명도 더 신경 써야 하잖아요.

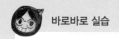

종이 인형으로 입체 애니메이션 만들기

본격적으로 입체 캐릭터를 만들기 전에 종이 인형을 입체로 변형해서 연출해 보자.
촬영 무대를 세팅하고 종이 인형과 종이 소품들을 직각으로 세우면 비교적 손쉽게
입체 컷 아웃 애니메이션을 만들 수 있어.

준비물

종이 인형 캐릭터, 두꺼운 색종이, 양면테이프, 가위, 펜, 부직포, 해골 인형

방법

1 색종이를 오려 나무를 만든다. 나무가 수직으로 설 수 있도록 나무
아랫부분을 90도로 접어 받침대를 만든다.

2 나무 받침대에 양면테이프를 붙여 부직포로 만든 무대에 고정한다.
뒤쪽으로 갈수록 채도와 명도가 낮은 나무들을 배치하면 원근법이 주는
착시를 구현할 수 있다.

tip 부직포처럼 보풀이 있는 표면에는 껌딱을 사용하지 않는 게 좋아. 부직포에 붙으면 껌딱이 잘 떨어지지 않거든. 부직포 밑에 철판(버려진 컴퓨터 케이스를 뜯어 쉽게 구할 수 있다.)을 깔고 엘디 자석으로 고정하는 방법도 있어.

3 종이 인형을 만들어 무대에 올린다. 왼쪽과 오른쪽에서 자유롭게 찍되 배경 바깥이 찍히지 않도록 촬영한다.

4 인형들을 조금씩 움직여 인형놀이 하듯 이야기를 만든다. 세 캐릭터의 움직임을 전체적으로 신경 쓰는 편이 좋다.

제목 〈기념사진〉

팽부장: 와, 숲 속 캠핑장 도착!

굴군: 그런데 팽 부장, 이 근처에
공동묘지가 있다던데?

팽부장: 굴군, 은근히 겁이 많네.

팽부장: 왜? 밤에 숲에서 시체라도
튀어나올까 봐?

팽부장: 마침 잘됐네? 사진 찍어 줄
사람이 필요했는데. 우하하!

입체 캐릭터를 만드는
다양한 방법

굴군 　종이 인형 말고 제대로 된 입체 캐릭터로 애니메이션을 만들
　　　어 보고 싶어요. 입체 캐릭터 만드는 방법 좀 알려 주세요.

고선배 　전문적인 애니메이터들은 유연한 관절이 있는 뼈대를 만들
　　　어서 캐릭터가 자연스럽게 움직이게 하지요. 하지만 그게 애
　　　니메이션의 핵심은 아니에요. 캐릭터의 모양이 꼭 사실적이
　　　지 않듯, 캐릭터의 움직임도 간단하고 상징적인 움직임으로
　　　단순화할 수 있거든요. 그런 관점으로 보면 아마 미술 시간에
　　　다뤘던 거의 모든 재료로 캐릭터 인형을 만들어 볼 수 있을
　　　거예요.

우리 집 장난감의 다른 용도를 찾아보자

팽부장 　간단하게는 우선 집에 있는 피규어나 바비 인형 등 다양한 장
　　　난감 인형들로 애니메이션을 만들 수 있어. 입체 스톱 모션

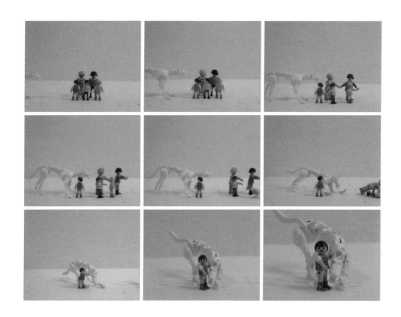

판 〈토이 스토리〉를 만드는 거야.

굴군 멋진데요! 어린 시절 장난감으로 상상했던 이야기들을 애니 메이션으로 만들어 보는 거예요!

팽부장 피규어 가운데에는 관절을 움직여서 간단한 움직임을 만들 수 있는 제품도 있어. 이런 피규어라면 정교한 애니메이션도 만들 수 있겠지. 아니면 관절처럼 사용할 수 있는 사무용품을 이용해도 좋아. 캐릭터 아래에 '스피 곳'이라는 부품을 달고 관절 삼각대 에 붙이면 재미있는 괴물 캐릭터가 되지.

평범한 사물에서 얼굴을 찾아보자

귤군 이미 만들어진 캐릭터 말고 새로운 캐릭터도 만들어 보고 싶은데, 손재주가 없어서……

팽부장 귤 군, 상상력만 있다면 아주 쉽게 애니메이션 캐릭터를 만들수 있어. 카메라를 들고 주변을 둘러볼까? 생각지도 못한 곳에 얼굴이 숨어 있을 거야.

귤군 여기에 우리 말고 누가 또 있어요?

팽부장 주변 사물을 유심히 살펴봐. 사물들은 의외로 쉽게 얼굴로 변해. 얼굴을 찾으면 공작용 눈을 붙이고 사물의 원래 기능을 토대로 이야기를 만들어 보는 거야. 크기가 다른 빨래집게에 눈을 붙이면, 입이 큰 빨래집게랑 입이 작은 빨래집게가 수다를 떠는 이야기를 만들 수 있지. 컵이나 과일, 사탕 같은 주변에서 흔히 볼 수 있는 사물에서 톱밥, 모래, 구슬, 나뭇잎에 이르기까지 거의 모든 사물을 캐릭터로 만들 수 있어.

고선배 이렇게 일상 사물이 등장하는 애니메이션을 오브제 애니메이션이라고 합니다. 오브제란 작품의 소재가 되는 일상적인 사

물을 말하는데, 오브제트의 프랑스식 발음이에요. 오브제 애니메이션 작가들은 사물에 움직임을 부여함으로써, 전혀 다른 의미를 만들어 내지요.

굴군 그냥 눈만 붙일 게 아니라 약간 변형을 해도 재미있을 거 같아요.

팽부장 좋은 생각이야. 쉽게 구할 수 있는 종이컵으로 수다쟁이 캐릭터를 만들어 볼까? 종이컵을 반으로 잘라서 가운데를 할핀으로 연결하면, 완성!

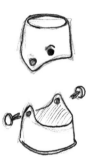

점토를 활용해 보자

팽부장 간단한 클레이 애니메이션을 만들어 볼 수도 있어. 고무찰흙이나 모델링 클레이 같은 점토를 조물조물 주물러서 캐릭터를 만들어 보는 거야.

굴군 말이 쉽죠. 점토를 조물조물 주무른다고 캐릭터가 금세 만들어지나요?

팽부장 어렵게 생각하지 마. 점토를 동글동글 빚어서 애벌레를 만들 수도 있고, 그냥 동그란 공 모양에 눈, 코, 입을 붙여 캐릭터를 만들 수도 있어! 어떤 재료보다 클레이는 상당히 자유롭게 여러 가지 캐릭터를 만들 수 있는 재료야.

굴군   그런데 클레이 애니메이션에 나오는 캐릭터도 문구점에서 파
       는 일반 점토로 만들어요?

고선배   클레이는 생각보다 종류가 다양한데, 굳는 양상에 따라 몇 가
       지 종류로 구분하지요.

● 반죽 후에 순식간에 딱딱하게 굳는 찰흙

'믹스앤픽스'라는 제품은 두 가지 성분의 찰흙을 반죽하면 몇 시간 만
에 시멘트처럼 굳는 성질이 있어서 접착 용도로 많이 쓰여요. 이렇게
두 가지를 섞어 쓰는 찰흙을 '퍼티'라고 하지요. 퍼티는 엄밀히 말해
찰흙은 아니지만 다룰 때의 촉감이 비슷합니다. 또 굳은 뒤 조각칼로
깎고 사포로 다듬으면 매우 매끈하고 정교한 캐릭터를 만들 수 있기
때문에 캐릭터 인형이나 피규어를 만들 때 주로 사용하는데, 관절을
나눠 철사로 연결하면 스톱 모션용 캐릭터를 만들 수 있지요. 프라모
델 전문 쇼핑몰에서 판매하고 가격은 좀 비싼 편이에요.

● 놔두면 며칠 동안 천천히 딱딱하게 굳는 찰흙

'아이클레이', '천사점토' 같은 저렴한 일반 찰흙은 선선한 곳에 며칠
놔두면 딱딱하게 굳어요. 하지만 잘못 말리면 갈라진다는 단점이 있습
니다. 플라스틱 점토는 조금 다른 종류의 찰흙인데 손에 잘 묻지 않고
색을 칠할 수 있어 음식 모형을 만들 때 많이 쓰지요. 적절하게 마르면
쉽게 잘린다는 장점이 있습니다.

●오븐에 구우면 딱딱하게 굳는 찰흙

'스컬피'는 조형물을 만들고 사용법에 따라 오븐에 구우면 내구성이 강해지기 때문에 전문가들이 선호하는 찰흙이에요. 하지만 오븐으로 구울 때 유해 성분이 나온다는 논란이 있으므로 되도록 친환경 제품을 사용하도록 합니다. 오븐에 구우면 철사 인형처럼 구부러지는 '슈퍼플렉스' 같은 신기한 찰흙 제품도 있답니다.

●굳지 않는 찰흙

수분과 온도가 적절하게 유지되면 몇 년 동안 굳지 않는 찰흙도 있어요. 기름이 섞여 있어서 '유토'라고 부르지요. 굳지 않기 때문에 며칠이나 몇 주에 걸쳐 조금씩 변형해서 촬영이 이루어지는 클레이 애니메이션을 만들 때 유리합니다.

공작용 모루와 띠 골판지를 사용해 보자

팽부장   공작용 모루와 띠 골판지는 아마 초등학교 때부터 많이 다뤄 본 공작 재료일 거야. 띠 골판지는 다양한 배경과 캐릭터를 만드는 데 유용하게 쓸 수 있어.

그리고 공작용 모루는 안에 부드러운 철사가 들어 있어서 캐릭터의 관절을 만들기에 좋아.

미라 철사 인형 만들기

철사를 이용해 뼈대 만드는 방법을 익혀 놓으면 클레이 애니메이션을 비롯한 다양한 스톱 모션 애니메이션에 응용할 수가 있어. 얼굴 부분은 스컬피로 만들 수도 있고 3D 프린터를 이용해서 인체의 주요 부위를 만든 뒤 철사로 연결해도 돼. 둔탁한 질감을 낼 수 있는 제소를 바르고 아크릴로 색칠을 하거나 공예용 테이프를 감싸서 다른 질감의 피부를 만들 수도 있어. 여기서는 간단한 인체 구조를 가진 미라를 만들어 보자.

준비물

공예 철사, 펜치, 폴리모프, 뜨거운 물, 안 쓰는 컵과 숟가락, 얇은 고무장갑,

3M 의료용 테이프, 공예용 테이프, 엔디 자석

방법

1 철사를 새끼줄처럼 꼬아 튼튼한
뼈대를 만든다. 세 줄로 꼬는
방법도 있고 조금 더 튼튼하게
네 줄로 꼬는 방법도 있다.
머리, 몸통, 오른쪽 다리를 한 줄로
만들고 왼쪽 다리는 따로 만들어
붙인다. 양팔은 몸통 부분의 철사를 벌려 끼워 넣는다.

2 폴리모프를 준비한다. 컵에 따뜻한 물을 부은 다음 숟가락으로

폴리모프 알갱이를 뿌려 놓으면
30초 뒤에 폴리모프가 투명하게
변하면서 반죽하기 좋게 성질이
바뀐다. 폴리모프를 다룰 때는
쓰지 않는 컵과 숟가락을
사용한다.

3 폴리모프를 물에서 건져 적당히
뜯어(화상을 입을 수 있으니 얇은
고무장갑을 낀다.) 잘 반죽한 다음
철사를 감싸 가슴과 엉덩이
부분을 만든다. 찰흙을 다룰 때와

비슷하지만 1분 정도 지나면 굳기 시작한다는 점을 유의하자. 실수로
잘못 붙였을 때는 잠시 뜨거운 물에 담가 놓으면 부드러워진다.

4 관절을 제외한 딱딱한 부분(인체에서 딱딱한
뼈가 있는 부분)을 폴리모프로 감싸면 견고한
뼈대를 얻을 수 있다. 발을 만들 때 엔디
자석을 넣으면 철판에 잘 서 있기 때문에
애니메이션을 만들 때 편리하다.

5 의료용 테이프를 이용하여 뼈대를 감싼다.
의료용 테이프를 이용하는 이유는 신축성
때문이다. 신축성이 있으면서 부피감을 낼
수 있는 재료는 무엇을 사용해도 상관없다.
절연 테이프는 붙였다 떼었을 때 끈적임이
심해 선호하지 않는다. 관절 부분만 의료용
테이프로 붙이고 딱딱한 부분은 종이 같은
다른 재료를 붙여도 된다.

tip 실제로 스톱 모션 애니메이션 전문가들이 뼈대로
많이 쓰는 것은 청동으로 만든 볼앤소켓Ball&Socket이야.
인체의 각 관절과 비슷하게 볼 형태를 가진 관절이지.
해외 구매 대행 사이트를 이용하면 기본 세트를 구할 수
있지만 가격 면에서 부담스러워. 예산이 많지 않은데
볼앤소켓 방식으로 만들고 싶다면 레고의 히어로 팩토리
시리즈를 유심히 관찰해 봐. 볼앤소켓 방식으로 관절이
움직이거든. 클레이 같은 재료로 뼈대를 만들고 히어로
팩토리의 관절을 잘라 붙이는 방법을 써도 되지.

연출 노하우:
움직임 연출

굴군   캐릭터를 살아 있는 생명체처럼 보이게 하려면 어떻게 해야
해요? 그냥 움직이기만 해서는 자연스러워 보이지 않아요.

팽부장   무생물을 마치 '살아 있는' 것처럼 보이게 하려면 단순히 움
직이는 것만으로는 충분하지 않아. 예를 들어 〈토끼와 거북〉
을 애니메이션으로 만든다고 상상해 봐. 토끼와 거북은 움직
이는 속도도 다르지만, 움직이는 모습도 다르겠지? 애니메이
션에서 어떤 움직임이 나오는지는 애니메이터의 손에 달려
있어. 애니메이터는 프레임과 프레임 사이에서 움직이는 창
조주 같은 존재라고 할 수 있지. 자, 우리 움직임을 연출하는
방법을 연습해 볼까? 고 선배, 부탁해요.

무생물에 생명을 불어넣는 방법

움직임을 잘 표현하면 어떤 물건이든 작은 캐릭터처럼 보이게 할 수

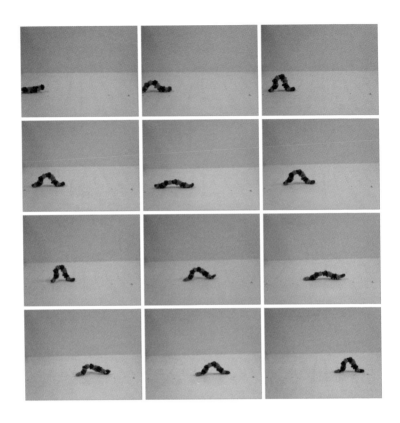

있습니다. 그러려면 실제 동물이나 인물을 상상해 보고, 그 캐릭터의 움직임과 동선을 잘 관찰해야 하지요. 가령 긴 끈 모양의 물체로 뱀이나 애벌레를 연출한다면 어떻게 해야 할까요? 뱀이나 애벌레는 몸을 구부렸다 쭉 뻗는 동작을 반복해서 조금씩 앞으로 나아갑니다. 이런 움직임을 만들면 허리띠나 털실도 애벌레나 뱀처럼 보이게 할 수 있지요.

애니메이터는 실제로 존재하지 않는 생물의 움직임도 만들 수 있습니다. 이럴 때에는 캐릭터의 모양이나 소재를 이용해서 움직임을 표현할 수 있지요. 계란처럼 생긴 캐릭터라면 조금씩 굴러가겠지요? 찰흙 반죽으로 만든 괴물이라면 움직이면서 모양이 조금씩 뭉개질 테고요. 계란을 쫓아가는 프라이팬 모양 괴물이라면 어떻게 움직일까요?

립싱크 연출

실제로는 입 모양이 천차만별이지요. 하지만 애니메이션에서는 큰 소리, 작은 소리, 보통 말할 때, 그리고 몇 가지 감정과 관련된 입 모양을 적절히 조합하는 것만으로 대화하는 입 모양을 표현할 수 있습니다.

| 화남 | 놀람 | 웃음 | 우울함 | 불만 |

초당 프레임 수

영화는 1초에 24프레임으로 구성되어 있고, 한 프레임을 촬영할 때마다 움직임이 일어납니다. 하지만 스톱 모션 애니메이션은 1초에 10~12프레임만으로도 상당히 만족스러운 효과를 얻을 수 있지요. 물론 프레임 수가 더 적어져도 애니메이션이 가능하긴 합니다. 단 움직임이 덜 부드럽겠지요. 옛날에 필름 카메라로 애니메이션을 촬영할 때에는 한 번에 두 프레임씩 촬영하는 방법을 쓰기도 했지만, 요즘은 일단 촬영을 길게 하고 나서 컴퓨터 편집 프로그램에서 1초에 몇 프레임을 집어넣을지 결정합니다.

프레임 수는 앞에서 설명했듯이 움직임의 속도에 따라 달라질 수 있습니다. 움직임의 처음과 끝에서는 속도가 느려지므로 한 동작의 프레임 수를 늘려 느린 속도를 표현해 줍니다. 또 강조하고 싶은 동작에서도 프레임을 늘려 주면 효과적이에요. 물론 프레임 수는 편집 프로그램에서 조절할 수도 있지요.

등장과 퇴장

애니메이션에서 움직이는 대상은 화면 밖에서 점점 나타나서 반대편으로 사라질 수도 있고, 화면 안쪽에서 바깥쪽으로 나올 수도 있습니다. 시작하자마자 캐릭터가 무대 중앙에 나타날 수도 있지만 무대 밖에서 등장해서 연기를 펼친 후 다시 밖으로 나가도록 연출한다면 관객들이 조금 더 자연스럽게 극에 몰입할 수 있지요.

카메라 위치와 스토리보드

애니메이션을 촬영할 때 카메라는 이동하면 안 됩니다. 애니메이션은 사물이 실제로 움직이는 게 아니라 움직임을 만드는 거예요. 그래서 상대적으로 카메라는 고정되어 있어야 하지요. 하지만 숏에 따라 필요한 경우 카메라의 위치를 바꿀 수 있습니다. 이때 카메라 세팅을 완전히 바꿔야 하기 때문에 스토리보드를 철저히 준비해야 합니다.

카메라 앵글 잡는 법

카메라 앵글에 따라 애니메이션을 보는 관객의 위치가 결정됩니다. 카메라는 감독이 세상을 바라보는 눈이라고 할 수 있는데, 카메라 앵글은 감독과 관객의 시각을 일치시켜 주지요.

- A–로우 앵글 Low Angle 눈높이보다 아래에서 위로 올려다본다. 촬영 대상이 강하고 힘 있게 보인다.
- B–아이 레벨 앵글 Eye Level Angle 눈높이에서 촬영한다. 평소 우리가 바라보는 대상을 있는 그대로 보여 줄 때 사용한다.
- C–하이 앵글 High Angle 눈높이보다 위에서 촬영한다. 전체를 조망하거나 대상을 연약하게 표현할 때 사용한다.

A   B   C

180도의 법칙

두 명 이상이 등장하는 컷을 찍을 때는 카메라 각도가 180도를 넘어가지 않도록 해야 합니다. 한 인물이 화면의 왼쪽, 다른 인물이 화면의 오른쪽에 있을 때 카메라 각도가 180도를 넘어가면 화면의 좌우가 바뀌게 됩니다. 그러면 인물의 배치도 좌우가 바뀌기 때문에 관객들이 헷갈릴 수 있지요. 두 인물이 한 방향을 바라보며 제3의 인물과 대화하는 것처럼 보일 수 있거든요.

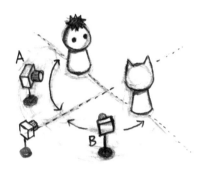

카메라 A

카메라 B

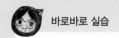

동전을 먹어 치우는 지갑

동전 지갑과 동전이 캐릭터라면 어떻게 움직여야 할까? 지갑이 물고기처럼 움직이다가 동전들을 하나하나 먹어 치우는 장면들을 촬영해 보자. 지갑은 지퍼를 열어도 모양이 무너지지 않는 톡톡한 재질이 좋아. 지갑 대신 백팩이나 종이봉투 등으로 비슷한 캐릭터를 연출해도 돼.

준비물

동전 지갑, 동전 여러 개, 공작용 눈, 배경

방법

1 지갑과 동전들을 자유롭게 배치한다.

2 동전들을 각각 조금씩 이동시킨다.

3 지갑의 지퍼를 조금씩 열면서 다양한 표정을 연출해 본다.

4 지갑이 입을 벌렸다 닫으며 동전들 쪽으로 조금씩 향하도록 한다.

5 동전들이 무질서하게 도망가면서 하나씩 지갑 속으로 들어가게 한다.

tip 캐릭터들이 전체적으로 움직이는 게 좋아. 이를테면 지갑이 입을 벌릴 때 동전들도 조금씩 움직여 줘야 해.

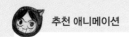

〈웨스턴 스파게티Western Spaghetti〉 (2008, 페스)

페스PES는 다양한 오브제를 이용해 스톱 모션 애니메이션을 제작하는 작가야. 일상의 오브제를 애니메이션을 통해 전혀 다른 맥락으로 바꾸어 버리는데, 〈웨스턴 스파게티〉에서는 가느다란 연필을 스파게티로, 포스트잇을 버터로, 녹색 전구를 칠리 고추로 바꾸어 버리는 마술 같은 연출을 볼 수 있어. 그의 홈페이지(http://pesfilm.com)에서 다른 작품들도 감상할 수 있어.

아드만 스튜디오의 클레이 애니메이션

전 세계에서 클레이 애니메이션으로 가장 유명한 스튜디오라면 아마도 아드만 스튜디오일 거야. 요즘은 대부분 컴퓨터로 애니메이션을 만드는데 아드만 스튜디오는 꾸준히 클레이 애니메이션의 전통을 이어오고 있지.

우리에게는 〈월레스와 그로밋Wallace & Gromit〉(1989~1995)이나 〈치킨 런Chicken Run〉(2000)을 만든 스튜디오로 알려져 있지만, 텔레비전 광고부터 텔레비전 시리즈, 어른을 위한 애니메이션, 장편 영화에 이르기까지 다양한 장르의 작품들을 클레이로 만들었어. 아드만 스튜디오 홈페이지(http://www.aardman.com)에서 다양한 작품을 찾아보자. DVD로 출시된 아드만 스튜디오의 단편 애니메이션 작품집에는 오스카 애니메이션 수상작인 〈동물원 인터뷰Creature Comforts〉(1989)가 포함되어 있어.

6

애니메이션 감독으로
데뷔하기

불타는 도시, 대괴수와 귤맨이 대치하고 있다.(2.5초)

기습
꼬리 공격!

약간 줌인(1초)

꼬리가 화면으로 IN(0.5초)

미끄러지는 귤맨을 따라 카메라 FOLLOW(0.5초)

겨우 여자
때문에….

귤맨,
어리석구나.

안개 속에서 눈 반짝(2.5초)

펭귄걸의 이름을 욕되게 하지 마라!

하이 앵글(2초)

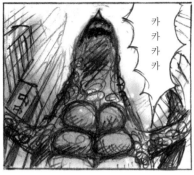

카
카
카
카

로우 앵글(1초)

어쩌냐?

여자는 지금…

어때요, 선배? 블록버스트급의…

기습 꼬리 공격!

공모전 콘티를 짜라고 했지, 누가 사랑 고백을 하라고 했습니까?

작품에 진실한 감정을 담으라고 했잖아요.

흠…

귤 군도 이제 애니부 사람이 다 됐네.

드르륵!

지옥에서 펭귄걸이 돌아왔다.

둘 다 덤벼!

헉! 급전개?

기습 부리 공격!

꾸엑!

애니부는 오늘도 평화롭다.

포트폴리오 영상을
만들어 보자

귤군   애니메이션부에 들어온 지 한 학기밖에 안 됐는데 몇 년은 흐른 것 같아요.

팽부장   귤 군, 그동안 다양한 애니메이션 기법을 직접 경험해 봤는데 어땠니?

귤군   확실히 보는 눈이 달라진 것 같아요. 원래는 무심하게 지나쳤는데 요즘은 광고나 영화, 웹사이트에 애니메이션이 나오면 무슨 기법, 어떤 과정으로 만들어졌는지 추리해 보는 재미도 생겼고요.

팽부장   좋은 변화네! 이제 슬슬 귤 군도 폴더 안에 쌓여 있는 다양한 애니메이션 영상을 사람들에게 보여 줄 때가 되지 않았나?

귤군   아, 아직 보여 주기는 좀 민망한데……. 스토리가 쭉 연결되는 것도 아니고 분위기도 다 다른 토막 영상들이라…….

팽부장   그렇다고 이런 멋진 실험 영상들을 썩히기엔 아깝잖아. 고 선배, 뭔가 방법이 없을까?

고선배   드디어 포, 트, 폴, 리, 오 영상을 만들 때가 왔군요.

굴군   포트폴리오가 뭐예요?

고선배   포트폴리오란 대표 작품들을 일정한 순서로 정렬한 스크랩입
니다. 이제껏 작업한 영상들을 하나로 모아 다른 사람에게 보
여 주기 좋게 버라이어티 쇼 같은 영상을 만드는 거죠. 기승
전결을 완벽히 만들 필요는 없지만 음악, 효과, 타이틀 등을
넣어서 완성도를 높인다는 말입니다.

팽부장   우리가 만든 짧은 영상들을 뮤직비디오처럼 보기 좋게 묶어
보자는 말이잖아. 선물도 포장을 잘하면 가치가 올라가고 음
식도 예쁜 그릇에 담겨 나오면 더 맛있어 보이니까!

굴군   확실히 음악만 깔아 줘도 영상이 재미있어질 거 같기는 해요.
그런데 이건 그냥 놔두고 차라리 조금 긴 애니메이션을 새로
기획해서 만들어 보는 건 어떨까요?

고선배   짧은 실험 영상들을 만들다 보면 좀 더 긴 작품을 만들고 싶
은 욕심이 생깁니다. 그래서 포트폴리오 영상이 더더욱 필요
한 거예요. 그걸 통해 긴 작품을 함께 만들 동료들을 모을 수
있고 운이 좋으면 제작비도 모을 수 있기 때문이죠. 〈아바타〉
의 제임스 카메룬, 〈반지의 제왕〉의 피터 잭슨 같은 스타 감독
들도 처음부터 블록버스터 영화를 만든 건 아니에요. 처음에
는 짧은 영상을 촬영하다가 돈을 모아서 저예산 영화를 만들
고, 거기서 연출 실력을 보여 주었기 때문에 나중에 할리우드
로 진출하게 된 거지요.

굴군   듣고 보니 포트폴리오 영상은 애니메이션 감독이 되는 첫 단

추 같은 거네요.

팽부장　좋았어, 우리도 첫 단추를 한번 꿰어 볼까?

1. 편집 프로그램 메뉴 익히기

포트폴리오를 만들려면
편집 프로그램이 필요해.
다행히 무료로 제공되는
좋은 편집 프로그램이 여
러 개 있어. 윈도우를 쓰
는 사람이라면 무비 메이
커, 맥을 쓰는 사람이라면
아이무비를 익혀 두면 좋아. 몇 번
쓰면서 원리를 알게 되면 영상 편집 프로그램이 다루기 쉽게 만들어
졌다는 것을 알게 될 거야.

　편집 프로그램은 대부분 작업 과정이 비슷해서 하나를 익혀 두면
나머지도 금세 적응할 수 있어. 우리는 무비 메이커로 포트폴리오를
만들어 보자.

대표적인 편집 프로그램

난이도	초급	중급	고급
프로그램명	*무비 메이커(윈도우) *아이무비(맥)	*어도비 프리미어 (맥, 윈도우)	*어도비 애프터 이펙트 (맥, 윈도우) *파이널 컷 프로

2. 연속 사진들을 타임라인으로 불러오기

이전에 촬영한 사진들은 모두 폴더에 모아 놓았겠지? 평소 작업할 때에는 폴더 정리를 잘해야 해. 사진은 순서대로 번호가 매겨지니까 굳이 파일 이름을 바꿀 필요는 없지만, 잘못 찍힌 사진은 미리 삭제해 놓는 편이 좋아. 자, 먼저 무비 메이커를 활용해서 애니메이션 영상 클립을 만드는 것으로 작업을 시작해 볼까? 무비 메이커에서 홈 버튼을 누르면 나오는 상태 창에 '비디오 및 사진 추가' 메뉴가 있어. 이 메뉴를 선택하면 촬영한 사진을 선택해서 '불러오기' 할 수 있어. 사진 여러 장을 한 번에 불러오려면 Ctrl을 누른 채로 파일을 모두 클릭하면 돼. 불러온 사진들은 화면 오른쪽에 필름 모양으로 펼쳐질 거야. 이렇게 영상이 순서대로 배치된 공간을 타임라인이라고 불러.

3. 연속 사진들의 재생 시간 조정하기

타임라인 편집에 앞서 사진 한 장이 재생되는 시간을 조절할 필요가 있어. 프로그램마다 기본 설정이 조금씩 다르지만, 무비 메이커에서 낱장 이미지의 기본 재생 시간은 7초나 되거든. 상단 '편집' 메뉴에 '재생 시간'을 표시하는 창이 있을 거야. 모든 프레임을 전체 선택(Ctrl+a)해서 이미지를 불러온 다음 재생 시간을 조절해 보자. 애니메이션은 대부분 1초에 8~24프레임 정도가 재생되니까 1초에 10프레임을 넣는다면 0.1초를 입력하면 되겠지? 재생 시간을 0.1초로 설정한 다음 왼쪽 아래 플레이 버튼을 누르면 모든 이미지가 1초당 10프레임의 속도로 재생될 거야. 개별 프레임의 길이를 조절할 수도 있어. Ctrl을 누른 채로 사진을 클릭해서 오른쪽으로 드래그하면 옆으로 프레임이 복사되어서 좀 더 길게 만들 수 있어.(0.1초에서 0.2초가 되는 거야.) 클립의 처음과 끝에 여운을 주거나 속도를 조절하고 싶은 부분에서 활용하면 좋은 방법이야. 좀 더 복잡한 동영상 편집 프로그램에서도 간단한 드래그로 프레임의 길이를 늘이거나 줄일 수 있지.

4. 연속 사진들을 동영상 파일로 만들기

타임라인에 연속 사진을 다 배치했다면 이제는 짧은 동영상으로 저장해 보자. 먼저 동영상 편집 프로그램에서 저장하기Save와 내보내기Export를 구별해야 해.

'저장하기'는 작업하던 프로젝트가 통째로 저장되는 거야. 파일 확장자는 wlmp야. 무비 메이커에서는 '프로젝트 저장'에 해당해. 이 파일은 작업의 진행 상황을 그대로 담고 있어. 애니메이션의 내용을 수정하거나 재편집하고 싶으면 프로젝트로 저장한 파일이 반드시 필요해. 비유를 들자면 김밥을 말려고 밥 위에 당근, 오이, 햄 등을 올려놓고 펼쳐 놓은 상태로 냉장고에 넣는 거야. 김밥 재료를 언제든지 바꿀 수 있지.

그런데 동영상 재생 프로그램에서 볼 수 있는 파일로 저장하기 위해서는 '내보내기' 메뉴를 선택해야 해. 무비 메이커에서는 '동영상 저장' 메뉴에 해당해. 이렇게 저장한 파일은 wmv 파일로 저장되지. 이 파일은 avi 파일과 마찬가지로 동영상 파일이고, 다시 편집하기는 어려워. 물론 파일 재생뿐만 아니라 재편집을 대비해 두 가지 형태 모두 저장해 두면 더 좋겠지? 동영상 파일을 저장할 때에는 하드의 용량이 된다면 해상도별로 파일을 여러 개 저장해 놓으면 좋아. 그리고 제목을 붙일 때 반드시 날짜와 작업 내용이 드러나는 제목을 달아 주도록 하자. '귤소년의 춤_17년 07월 07일_no3_색칠 완성', 이렇게 말이야.

5. 짧은 동영상들을 모아 편집하기

만들어 놓은 다양한 애니메이션 동영상 파일 중에서 포트폴리오에 넣을 영상을 골라 한 폴더에 담아 볼까? 이 영상을 엮어서 우리 개성을 잘 보여 줄 수 있는 포트폴리오로 만들어야 해. 영상의 특징이나 순서, 길이 등을 잘 고려하는 게 좋겠지. 영상을 골랐으면 새로운 프로젝트 파일을 만들고 영상들을 타임라인에 불러와 보자. 오른쪽에 영상들이 불러온 순서대로 펼쳐질 거야. 영상의 순서를 바꾸고 싶을 때는 타임라인에서 영상을 드래그해서 원하는 위치로 옮기면 돼. 한 영상을 부

분부분 자르고 싶을 때에는 영상 클립 위에 있는 검은 선을 편집하고
싶은 위치로 움직여서 '분할'이나 '자르기'를 하면 돼. 파일이 나누어
지면 드래그해서 위치를 옮기거나 삭제하거나 복사해서 반복시킬 수
있겠지?

6. 장면 전환 효과 넣기

영상 사이사이에 시각 효과를 넣으면 생기 있는 영상을 얻을 수 있지.
'애니메이션' 버튼을 클릭해서 효과와 재생 시간 등을 적용해 보자. 일
단 전환 효과를 주고자 하는 앞 컷과 뒤 컷을 함께 선택(Shift+클릭)하
고 적절한 효과를 골라 봐. 부드럽고 자연스러운 효과를 내려면 디졸
브 효과, 스타워즈 같은 고전 영화 느낌을 내려면 와이퍼 효과를 넣어
보자. 가장 많이 쓰는 디졸브 효과는 상태 창에서 '흩어뿌리기'나 '겹
치면서 나타남'에서 선택하면 돼. 그리고 클립의 처음과 끝에서는 페
이드 인과 페이드 아웃 같은 간단한 시각 효과를 넣을 수 있어.

7. 사운드 넣기

가장 간단한 소리 입히기는 음악이야. 배경에 음악을 까는 것만으로도

분위기가 달라져. 홈 버튼에 있는 '음악 추가' 기능을 이용하면 돼. 그런데 음악 은 저작권 문제가 있으니까 인터넷에서 무료 음원 소스를 찾아보는 게 좋아. 또 는 아이패드의 '개러지 밴드' 같은 프로

그램에서 간단한 리듬 패턴이나 음악을 만들어서 배경음악으로 활용 할 수도 있지. 미디 음악을 만드는 친구들과 함께 작업하면 더 좋겠지 만 말이야.

직접 소리를 넣으려면 메뉴에서 '내레이션 녹음'을 선택하면 돼. 휘 파람을 불거나 비닐봉지 등을 부스럭거려 음향 효과를 낼 수도 있어.

8. 자막 넣기

타임라인에서 자막을 넣을 위치를 선택하고 홈 메뉴에서 자막 버튼을 누르면 자막에 관련된 기능들이 나와. 자막 문구를 넣은 다음 자막 재 생 시간, 자막 효과 등을 선택하면 돼.

대사가 있는 애니메이션이라면 미리 자막을 넣어 놓고 더빙해도 도 움이 돼. 따로 대사를 출력할 필요 없이 바로 영상을 보면서 더빙할 수 있으니까. 자막을 넣어 놓으면 편집할 때도 편해. 대사가 타임라인 밑 에 바로 나오기 때문에 내용을 확인하기 쉽거든.

그러나 애니메이션 영상은 자막이 너무 많이 들어가지 않는 편이 좋 아. 글로 설명하기보다는 애니메이션을 통해 보여 주는 것이 좋거든.

9. 오프닝 타이틀과 엔딩 크레디트 넣기

편집이 어느 정도 마무리되었으면 홀가분한 마음으로 오프닝과 엔딩을 연출해 볼까? 무비 메이커에서는 오프닝과 엔딩 타이틀을 아주 손쉽게 만들 수 있어. 어떤 내용이 들어가야 할지 메뉴 항목에 이미 나와 있거든. 제목, 만든 사람, 스태프, 촬영 장소, 촬영에 도움을 준 사람들, 날짜, 그 외에 하고 싶은 말 등을 적을 수 있어.

먼저 제목을 만들어 보자. 타임라인에서 작품의 제목이 들어갈 위치를 클릭하고 홈 상태 창에서 제목 버튼을 클릭하자. 제목을 입력할 수 있는 창이 뜨면 제목을 쓰고 폰트와 크기를 결정하자. 상태 창 오른쪽에 '효과' 메뉴가 있는데, 제목을 연출할 수 있는 다양한 효과가 있어. 좀 전형적이긴 하지만 전형성은 사람들에게 영화적인 기대감을 가지게 하지. 같은 방법으로 엔딩 타이틀을 만들어 보자. 작업에 참여한 사람들의 이름을 쓰고 관객에게 보내는 감사의 말을 적을 수도 있어.

10. 최종 동영상 파일 만들기

영상 편집을 마쳤으면, '프로젝트 저장'과 '동영상 저장'을 하자. 다만 좋은 화질로 '내보내기(동영상 저장)'를 했을 경우 2~3분짜리 avi 파일 용량이 1기가가 넘을 수도 있어. 그럴 때엔 다음팟 인코더 같은 용량 최적화 프로그램을 사용하면 화질과 음질은 비슷한 수준으로 유지하면서 용량은 10분의 1로 (압축을 더 하면 그 이상으로) 줄일 수 있지.

다음팟 인코더 사용법

먼저 프로그램을 다운받아 설치합니다. 용량을 줄이고 싶은 파일을 프로그램 창에 드래그한 다음, 하단 메뉴에서 어느 정도 크기로 압축할지 선택하세요. 그리고 인코딩 버튼을 누르면 끝나지요. 인코딩이 끝나면 아래 폴더 열기를 눌러 저장된 압축 파일을 확인해 보세요.

11. 백업하기

파일과는 별개로 프로젝트 파일을 따로 저장해 두면 좋아. 다시 편집하거나 화질을 바꿔서 파일을 만들어야 할 수도 있거든. 뿐만 아니라 완성된 파일은 백업본도 만들어 놓아야 해. 웹 클라우드 서비스 등을 이용해서 저장해 보자. 애니메이션 파일들을 저장하다 보면 생각보다 용량이 크다는 사실을 알게 될 거야. 계속 애니메이션 작업을 한다면 대용량 외장하드를 준비하여 파일을 저장해 놓는 것이 좋겠지?

12. 포트폴리오 영상 공유하기

이제 영상을 공유해 보자. 유튜브나 비메오 같은 공공 도메인에서는 자신이 만든 영상을 타인과 공유하면서 백업도 할 수 있어. 그 외에 다양한 SNS를 통해서 친구들과 영상을 함께 보고 의견을 나누어 보자.

유튜브에 동영상 올리는 법

1 구글 계정에 가입한다. 이메일이 생성되면서 '유튜브로 들어가기' 화면이 나오면 버튼을 누른다. 이미 구글에 가입되어 있다면 유튜브에 로그인한다.

2 유튜브에 들어가 '업로드' 버튼을 누른다. 채널이 생성되면서 동영상을 업로드하는 페이지로 넘어간다.

3 동영상을 올리기 전에 페이지 하단에서 '콘텐츠 위치'를 찾아 '전 세계'로 설정해야 한다.

4 '업로드할 파일 선택' 버튼을 누르고 자신의 PC 속에 있는 동영상을 선택한다.

5 용량이 크다면 업로드에 시간이 좀 걸릴 수 있다. 상단에 파일에 얼마나 올라갔는지 계속 보일 것이다.

6 파일이 100퍼센트 업로드 된 것을 확인한 후 '게시' 버튼을 눌러 최종적으로 동영상을 올리기 전에 몇 가지 설정을 점검한다. '공개'로 할 것인가, '비공개'로 할 것인가? 태그는 무엇으로 할 것인가? 적절한 태그를 사용하면 네티즌들이 쉽게 동영상을 검색할 수 있다. 예를 들어 '다른고등학교'라는 태그를 사용하면 누군가 '다른고등학교'라고 검색했을 때 이 동영상이 뜬다.

7 '게시' 버튼을 누른다.

애니메이션 제작의
전 과정을 알아보자

굴군   팽 부장! 저번에 유튜브에 올린 포트폴리오 영상에 대한 반응
이 폭발적이에요. 우리 학교 애들도 많이 봤는지, 이렇게 애니
메이션부에 들어오고 싶다고 찾아왔지 뭐예요!

신입생1   우리 학교에 애니메이션부가 있는지 이제야 알아서…….

팽부장   어…… 여기까지 찾아와 주셔서 황송…… 아니 고마워. 그런

데 갑자기 애니메이션부 부원이 늘어서…… 뭘 어떻게 해야 할지…….

굴군 저한테 좋은 아이디어가 있어요. 학교에 오다 보니 청소년 애니메이션 영화제 공모전 포스터가 붙어 있던데…… 부원도 모였으니 한번 도전해 보는 건 어떨까요?

팽부장 좋은 생각이야. 드디어 우리 애니메이션부가 빛을 보는구나! 애니메이션부를 지켜 온 보람이…….(시무룩)

굴군 팽 부장, 갑자기 왜 그래요? 무슨 문제라도……?

팽부장 고 선배, 어떡하죠?

고선배 이해합니다. 공모전에 낼 단편 애니메이션을 만드는 건 단순한 애니메이션 클럽을 만드는 거랑은 다르지요. 애니메이션은 기획과 이야기 짜기부터 미술, 음악, 사진, 영화까지 다양한 매체를 잘 버무리면서도 순서를 지켜야 하는 정교한 작업이니까요. 서로 긴밀히 협력해야 하고 예산도 필요합니다. 안 그러면 후반 작업을 맡은 사람들이 힘들어지면서 엉망이 되어 버리지요.

굴군 그렇게 되지 않게 우리가 꼼꼼하게 준비하면 되잖아요.

신입생들 우리도 열심히 할게요!

팽부장 좋아, 신입생들도 있으니까 어떻게 애니메이션을 만들지 처음부터 정리해 보는 게 좋겠어.

1. 다양한 아이디어에서 시작하기

애니메이션의 아이디어는 〈반지의 제왕〉처럼 거창하지 않아도 괜찮아. 일단은 다른 애니메이션 작가들의 작품을 많이 보면서 흥미로운 이야기, 캐릭터, 재료, 장르, 음악 등을 메모와 함께 스크랩해 봐. 그 게 아이디어를 위한 보물창고가 되어 줄 거야. 많은 사람이 즐겁게 볼 애니메이션을 만들고 싶다면 여러 명의 상상력을 모으는 것도 도움이 돼. 아이디어 회의에서는 여러 사람의 생각이 모여서 예상치 못한 방향으로 발전하기도 하거든. 픽사의 애니메이션 시나리오는 크리에이터들이 모여서 즐겁게 아이디어를 주고받다 나온 결과물이야. 더 독창적인 작품을 만들기 위해서는 일상 속에서 문득문득 떠오르는 아이디어를 수시로 기록하고, 그리고 잠깐이라도 날마다 일정한 시간에 글을 쓰거나 그림을 그리는 습관을 들이는 것이 좋아.

참, 재미있는 아이디어를 얻을 수 있는 팁을 한 가지 알려 줄까? 바로 이프if 발상법이야. 평소에 책을 읽거나 수업을 들으면서도 짬을 내어 '만약 ~라면 어떻게 될까?'라고 생각해 봐. 만약 세상에서 전기가 갑자기 사라진다면 어떻게 될까? 돈을 받고 파파라치를 하는 고양이들이 있다면? 재미있는 아이디어들을 애니메이션 기획으로 발전시켜 보자.

2. 캐릭터 아이디어에서 시작하기

매력적인 캐릭터에서 애니메이션 기획이 시작될 수도 있어. 디즈니에는 미키마우스가 있고 지브리에는 토토로가 있듯이 오랜 시간 작품을 만들어 온 세계적인 애니메이션 스튜디오들은 대부분 인기 캐릭터가 있지. 그리고 캐릭터는 지속적으로 창작을 할 수 있는 밑받침이 되어 주었어. 독립 작가들도 캐릭터를 먼저 만들어 놓고 이야기를 만들기도 해. 우리도 캐릭터를 만들면서 애니메이션을 기획해 보자.

머릿속에만 있는 캐릭터는 당장은 먹을 수 없는 호수 속의 물고기와 같아. 캐릭터를 애니메이션에 사용하려면 머릿속 이미지를 낚아서 현실로 데려와야 해. 그러려면 우선 머릿속 이미지를 스케치해 봐야 해. 그다음에 그 캐릭터의 성격과 가족 관계 등을 글로 정리하고, 잠시 쉬

었다가 캐릭터 설명을 다시 읽어 보면서 떠오르는 그림을 그리는 식으로 반복하다 보면 처음엔 어렴풋했던 캐릭터가 명확해질 거야. 그림 실력은 중요하지 않아. 유명한 영화감독들도 기획 단계에서 직접 캐릭터를 그리기도 하는데, 그림만 보면 평범한 낙서 수준인 것도 많아. 결국 중요한 것은 캐릭터에 대한 아이디어인 거지.

캐릭터를 만드는 다양한 방법이 있는데 여기서는 두 가지 방법을 소개해 볼게. 하나는 더하는 방법이고, 다른 하나는 빼는 방법이야.

첫 번째 '더하는' 방법은 주변을 관찰해서 가족이나 친구, 또는 책이나 텔레비전에서 본 매력적인 생명체들을 합쳐 보는 거야. 예를 들어 거북과 친구를 합치는 거지. 이때 합친다는 말은 단순히 외모만 합치는 게 아니라 성격이나 습관, 단점과 약점도 합치는 거야. 보통 자기 이야기를 풀어 나갈 때 가장 진솔한 이야기가 나오는데 자신을 직접 노출하기는 부담스러울 거야. 그때 캐릭터를 만들어 자연스럽게 자신을 표현할 수도 있어. 아래 그림은 사람과 어떤 동물이 합쳐진 것 같니?

토끼 인간

고슴도치 인간

강아지 인간

물고기 인간

두 번째는 '빼는' 방법이야. 한정된 세계에서 캐릭터에 통일성을 주면서 번잡한 요소들을 삭제하는 거지. 〈캐니멀〉이란 애니메이션 아니? 캐니멀은 각 동물들의 기본적인 특성만 남기고 나머지는 뺀 다음에 캔이라는 한정된 틀 속에 캐릭터를 집어넣었어. 〈코코몽〉은 동물들을 냉장고에 있는 소시지나 계란 같은 식료품으로 만들었고. 우리도 특징만 잡고 나머지는 빼서 종이컵 속에 캐릭터로 담으면 재미있는 스톱 모션 캐릭터로 재탄생할 수 있어.

이런 방법은 작품에 엄두가 나지 않을 때 유용해. 〈피터 팬〉을 애니메이션으로 만든다고 치자. 디즈니의 〈피터 팬〉보다 잘 만들 자신 있어? 하지만 이런 건 어떨까? 맛있는 만두에 피터 팬 캐릭터들을 넣어 클레이로 만들어 보는 거야.

이런 만두 피터 팬이라면 만들기도 쉽고 디즈니 애니메이션과는 또 다른 재미가 있을 거야.

캐릭터를 구상할 때 캐릭터를 하나만 만들지 않고 그 캐릭터와 대비되는 두 번째 캐릭터를 만들어 보는 것도 좋아. 서로 화학 작용을 일으

키는 캐릭터를 만드는 거지. 캔음료 소녀 캐릭터를 만들었다고 치자. 어떤 캐릭터를 붙이는 게 좋을까? 종이컵 소년 어때? 둘 사이에 무슨 일이 벌어질까? 둘이 좋아하게 될까? 아니면 싫어하게 될까?

3. 기획서와 스크립트 쓰기

이제 아이디어를 바탕으로 애니메이션 기획을 시작해 보자. 기획 회의를 하고 기획서를 쓰면서 기획 의도, 시놉시스, 기법, 예상 관객 등 애니메이션 제작의 구체적인 내용을 결정하는 거야. 초기 기획을 통해 의견이 모아지면 기획서를 만들면서 생각을 정리해 보자.

머릿속에 다 들어 있으니 기획서는 없어도 된다고? 애니메이션을 만들려면 외부의 다양한 도움이 필요하기 때문에 다른 사람을 글과 말로 설득할 수 있어야 해. 그래야 함께 만들 친구를 모으기 쉽지. 게다가 기획서 없이 무작정 제작에 들어갔다가는 의견 충돌로

작품이 산으로 가 버리는 경우가 많아. 감독이 이랬다저랬다 흔들리다 포기하는 일이 생기지 않으려면 기획서를 꼭 써야 해. 기획서는 애니메이션을 제작할 때도 중요하지만 영화제나 공모전 등에 출품할 때에도 반드시 필요해. 영화제 담당자나 심사위원들이 기획서를 보고 1차로 작품을 심사하는 경우도 많거든. 그런 의미에서 기획서를 쓸 때 가장 중요한 것은 '설득력'이라고 할 수 있지. 기획서는 파워포인트로 제작해 PDF 파일로 제출하는 경우가 많아.

기획서에 들어갈 내용을 살펴볼까? 먼저 버스를 타고 집에 가면서 네가 만들려고 하는 작품 줄거리를 몇 분 동안 간단하게 설명하는 상황을 떠올려 보자. 그런 설명을 글로 옮겨 놓은 것을 시놉시스라고 해. 로그라인은 시놉시스를 한두 문장으로 압축해서 핵심만 표현한 것이야. '기쁨, 슬픔, 화남 등 뇌 속의 감정들이 의인화되어 한 소녀의 성장을 돕는 이야기.' 이건 어떤 영화의 로그라인일까? 정답은 〈인사이드 아웃〉이야. 로그라인은 기획의 나침판이 되어 주지. 로그라인을 쓴 다음에 시놉시스를 써도 되고 시놉시스를 쓴 다음에 로그라인을 써도 돼. 그 외에 기획서에는 캐릭터와 배경 등을 소개하거나 대략적인 스토리보드를 첨부하기도 해.

- **간단한 기획서:** 제목, 기법, 장르, 길이, 예상 타깃, 예상 제작 스태프, 예상 제작 기간
- **자세한 기획서:** 로그라인, 기획 의도, 시놉시스, 캐릭터 소개, 주요 소품과 배경 소개, 주요 이미지보드, 스토리보드

애니메이션 기획서에 들어갈 내용

작품 개요	제목	
	기법	
	장르	
	길이(러닝타임)	
	제작자(스태프)	
	제작 기간	
작품 소개	기획 의도	(작품에서 전하려고 하는 주제와 재미, 감동)
	로그라인과 시놉시스	(내용을 함축한 핵심적인 문구와 줄거리)
	세계관 소개	
	이미지보드(컨셉드로잉)	(주요 예상 장면들)
	포스터	
캐릭터 소개	캐릭터 소개 글	
	캐릭터 턴어라운드	(여러 각도에서 본 캐릭터의 모습)
	캐릭터 관계도	(캐릭터들 간의 관계를 화살표 등을 이용하여 시각화)
배경 소개	주요 배경	
	주요 소품	
스토리보드	(분량이 많으면 따로 첨부한다)	
향후 계획	세부 일정	(간트 차트를 활용)
	상영과 출품, 홍보 계획	

기획서가 정리되었다면 배경과 상황, 액션과 대사가 다 들어 있는 스크립트를 작성해야 해. 스크립트는 대본, 각본이라고도 하지. 이 부분은 영화와 비슷하지만 애니메이션에서는 다음 단계에서 나올 스토리보드에 따라서 스크립트가 바뀌는 경우도 많아.

4. 스토리보드 만들기

시놉시스와 로그라인, 스크립 트 등을 통해 내용을 정했다 면, 이제 스토리보드를 만들 단계야. 스토리보드는 애니메 이션을 만들기 전에 주요 장 면들을 만화처럼 엮어 보는 것과 같아. 연출자는 머릿속

으로 상상했던 것을 시각화해 보면서 막연했던 부분을 정리할 수 있어. 영화는 스토리보드 없이 작업하기도 하지만 애니메이션에서는 꼭 스토리보드가 필요해. 애니메이션은 화면에 어떤 식으로 표현할지를 미리 계획하지 않으면 여러 단계가 꼬여 버릴 수 있거든. 예를 들어 배경이 학교 교실인 장면이 있었는데 막상 맞춰 보니까 어울리지 않아 학교 정문 밖으로 배경을 바꿨다고 치자. 영화라면 스태프들이 좀 투덜거려도 무리 없이 바꿀 수 있지만 애니메이션은 학교 정문 배경을 다시 그려야 해. 배경을 그리는 일은 의외로 시간이 많이 걸려. 전문 애니메이션 스튜디오에서는 스토리보드 단계에서 이야기에 어울리는 채색 계획을 잡기도 해. 스토리보드는 제작 과정에서 시행착오를 줄일 수 있다는 점에서 반드시 거쳐야 할 단계야.

스토리보드를 그릴 때에는 주요 장면부터 공들여 그린 다음에 연결 장면을 그리는 게 좋아. 시작부터 모든 장면과 행동을 다 그리려면 진이 빠지거든. 스토리보드가 완성되면 벽에 복사본을 붙이거나 파워포인트로 보여 주며 친구들 앞에서 연기를 섞어 가며 설명하는 과정을

거치면 좋아. 아마 함께 이야기를 나누다 보면 고칠 부분이 생길 거야.

5. 필요한 디자인 소스 만들기

이 단계에서는 스크립트와 스
토리보드를 꼼꼼히 살펴 작품
속에 나올 캐릭터, 배경, 오브
제, 특수 효과 소스 등 필요한
모든 것을 잘 분류해서 목록
으로 정리해야 해. 혼자서 만들 때
는 즉흥적으로 촬영할 수도 있지만 여럿
이 함께 만들 때는 준비가 부족하면 분란이
생길 수도 있어. 캐릭터도 그냥 스케치가 아니라 정면, 뒷면, 옆면까지
꼼꼼히 그리고, 다양한 표정과 동작을 정해서 분위기를 정해 놔야 해.
옛날에 찍어 내듯 만든 저예산 애니메이션 중에는 장면마다 주인공이
다르게 보여 웃음거리가 된 작품도 있어.

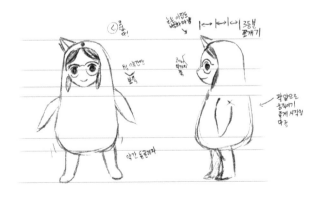

꼼꼼하게 준비를 마쳤다 해도 촬영하는 과정에서 스크립트에는 없는 새로운 소스가 필요한 경우도 있으니 늘 대비하는 게 좋아.

6. 촬영 테스트하기

본 촬영에 들어가기 전에 어떻게 보이는지 테스트 컷을 촬영하는 것이 좋아. 첫 장면부터 차례로 찍는 것보다 주요 장면을 먼저 테스트해 봐. 테스트를 통해 스크립트와 디자인의 문제점을 발견하고 개선할 수 있어. 기존에 없던 새로운 콘셉트의 작품에 도전할수록 더 많은 테스트가 필요하겠지?

우리도 좀
같이 보자!

7. 스케줄 짜고 관리하기

전체 스케줄은 애니메이션 프로듀서가 관리해. 하지만 혼자 작업하더라도 시간표를 짜고 마감을 정해 놓는 게 좋아. 스케줄을 짜서 공유할 때는 공정 단계를 한눈에 볼 수 있는 '간트 차트'라는

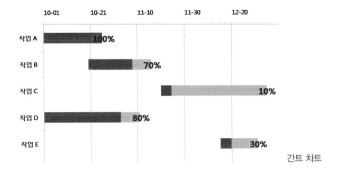

간트 차트

방식을 가장 많이 써. 애니메이션은 여러 작업이 동시에 이루어지기 때문에 각 작업의 목표와 성취율을 날마다 확인해야 해. 화이트보드에 시각화된 일정을 붙여 놓도록 하자.

너무 일정을 빡빡하게 잡거나 처음부터 완벽하게 하려고 하지 말고, 규칙적으로 작업하자. 그리고 일지에 작업 과정을 꼼꼼히 기록해 놓으면 다음 작품을 할 때도 도움이 돼. 그리고 누가 알겠어? 작품이 유명해져서 제작 과정이 책으로 출간될지? 아니면 애니메이션 관련학과에 들어갈 때 포트폴리오로 쓰거나 면접 자료로 사용할 수도 있겠지?

8. 애니메이션 촬영하기

촬영이 시작되면 최대한 빨리 집중해서 끝내는 것이 좋아. 친구들 도움을 받아 일을 나누는 것도 좋은 방법이야.

그런데 학교나 집에 임시

로 촬영 세팅을 마련했을 때가 문제야. 전문 스튜디오는 촬영 세팅을 항상 유지할 수 있지만 임시로 만든 촬영 세팅은 쉽게 망가질 수 있어. 그래서 세트가 있는 애니메이션을 촬영할 때에는 주변에 부탁해서 다른 사람들이 드나들지 못하도록 해야 해. 부득이하게 촬영 중 자리를 비우거나 다음 날로 촬영이 넘어갈 경우에는 안내문을 붙여 놓도록 하자.

9. 컴퓨터에서 음악 넣고 편집하기

이제 본격적으로 편집을 해 보자. 편집하는 과정은 포트폴리오를 만드는 과정과 비슷해. 애니메이션 영화는 될 수 있는 대로 스토리보드에 충실한 게 좋지만 모두가 협의해서 더 나은 대안이 있다면 편집 과정에서 다른 버전의 작품을 만들 수 있겠지?

편집 단계에서는 소리와 특수 효과, 그리고 음악을 넣게 되는데, 음악을 담당하는 친구에게 클립들을 보여 주고 회의를 해야 해. 어떤 음악 장르가 어울릴지, 간단하게 곡을 새로 만들지 기존 곡을 사용할지, 저작권이 없는 음악을 쓸지……. 소리를 넣는 과정은 애니메이션 작품에 극적인 생동감을 주는 중요한 과정이야. 더빙을 해야 한다면 방송반 친구에게 부탁하거나 스태프들을 적극적으로 활용하자. 더빙에 있

어서는 대부분 아마추어지만 목소리를 약간 변조한다면 그럴듯하게 들리기도 해.

10. 완성된 작품을 저장하고 적절한 방법으로 내보내기

이제 동영상을 공유 가능한 형태로 저장해 보자. 컴퓨터는 편리하지만 늘 에러가 날 가능성이 있어. 애니메이션 영상은 용량이 크기 때문에 중요한 순간에 컴퓨터가 먹

통이 되기도 해. 또는 윈도우가 갑자기 업데이트를 시작하거나 프로그램 무료 사용 기간을 넘겨 저장도 못 한 채 손이 묶일 수도 있어. 작품을 거의 다 만들어 놓고 예기치 않게 파일을 날리는 사례도 빈번해. 심지어 동영상을 출력하는 과정에서 파일이 날아가기도 해.

이런 사고를 막으려면 자주 저장하고 미리 백업해 놓아야 해. 공모전 출품이 내일인데 전날 저녁에 파일을 만들다 문제가 생기면 큰일이잖아?

11. 시사회와 출품하기

학교에 프로젝터가 있는 공간을 빌려 친구들을 초대해 상영회를 가져 보자. 첫 작품으로 세계 애니메이션 영화제를 휩쓸겠다는 야망도 좋지

만, 친구들과 함께 감상하고 즐기는 것도 의미가 크겠지? 그리고 친구들의 의견을 들어 봐. 칭찬하는 친구도 있고 신랄하게 비판하는 친구도 있을 거야. 친구들 의견을 반영해서 공모전 출품 전에 치명적인 단점을 수정하면 좋겠지?

작품이 다 완성되었다면 공모전에 출품해 보자. 우리나라에는 영화제가 꽤 많은 편이야. 청소년을 대상으로 한 영화제에도 대부분 애니메이션 부문이 포함되어 있어.

- 서울국제청소년영화제 http://www.siyff.com
- 대한민국청소년미디어대전 http://kymf.ssro.net
- 전국학생만화애니메이션대전 http://www.biaf.or.kr
- 인디애니페스트 http://www.ianifest.org
- 부산국제어린이청소년영화제 http://www.biky.or.kr
- 대한민국청소년영화제 http://www.dima.or.kr

처음부터 입상을 하리라는 보장은 없지만 앞날은 모르는 거라고. 누가 알아, 트로피가 우리 손에 떡하니 들어올지?

청소년 문화예술교육 04

학교에서 애니 하자
상상을 현실로 만드는 애니메이션 도전기

초판 1쇄 발행 2017년 2월 20일
초판 2쇄 발행 2018년 4월 10일

지은이 | 박유신·박형동

펴낸이 | 김한청
편집 | 신한샘
마케팅 | 최원준, 최지애
디자인 | 한지아

펴낸곳 | 도서출판 다른
출판등록 | 2004년 9월 2일 제2013-000194호
주소 | 서울시 마포구 동교로27길 3-12, N빌딩 2층
전화 | 02 3143 6478
팩스 | 02 3143 6479
블로그 | blog.naver.com/darun_pub
트위터 | @darunpub
메일 | khc15968@hanmail.net

ⓒ 박유신·박형동, 2017

ISBN 979-11-5633-146-9 43680
ISBN 978-89-92711-65-4 (SET)

이 도서의 국립중앙도서관 출판시도서목록(CIP)은
서지정보유통지원시스템 홈페이지(http://seoji.nl.go.kr)와
국가자료공동목록시스템(http://www.nl.go.kr/kolisnet)에서
이용하실 수 있습니다.(CIP제어번호: CIP2017003311)

대괴수vs귤맨!

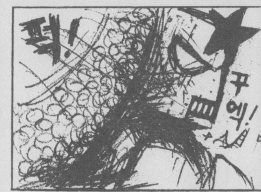

PICTURE	NOTE	DIALOGUE	SE
포커스를 맞추는 듯한 화면			
	오후 4~5시경. 해가 조금씩 지고 엄마를 기다리다 잠든 소녀가 낮은 창 앞에서 잠들어 있다. 오후의 한가한 바깥 사운드.		
	손톱을 깎은 듯 책 위에 손톱깎이. 살짝 바람이 불어 책장이 넘겨지고 손톱깎이를 가린다.		
in	창밖에서 찍은 샷. 소녀에서 창틀로 포커스가 바뀌고 뿔 달린 고양이의 그림자가 슥 올라온다. 3D 사용		
	고양이가 목을 앞으로 빼 소녀를 바라본다. 3D 사용